이 책 한 권만 외워봐!
영어회화가 술술 나온다

이 책 한 권만 외워봐! 영어회화가 술술 나온다

초판 1쇄 인쇄 2021년 3월 25일
초판 1쇄 발행 2021년 3월 30일

지은이 June Sweeney
발행인 홍성은
발행처 바이링구얼
교정교열 임나윤
디자인 Design IF

출판등록 2011년 1월 12일
주소 서울 마포구 월드컵로36길 18, 309호
전화 (02) 6015-8835
팩스 (02) 6455-8835
이메일 nick0413@gmail.com

ISBN 979-11-85980-36-2 13740

이 책 한 권만 외워봐!

영어회화가 ~술술 나온다

June Sweeney 지음

바이링구얼

오늘의 표현
원어민이 일상에서 가장 많이 쓰는 구어체 표현만 모았습니다.

Key Expressions
대화문에 나온 핵심 표현들이 쓰이는 상황과 활용법에 관해 자세히 알아봅니다.

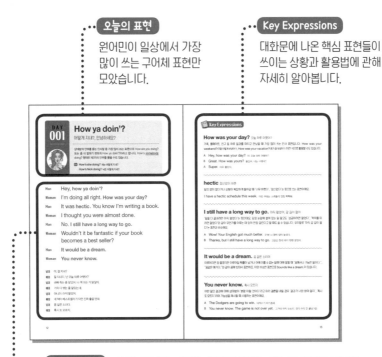

일상 대화문
스토리가 있는 재밌는 대화문 안에는 오늘의 표현과 더불어 원어민이 즐겨 쓰는 주옥같은 구어체 표현들이 가득합니다.

Pop Quiz
5일 동안 공부한 내용을 제대로 기억하고 있는지 연습문제를 통해 다시 한번 확인합니다.

이 책의 학습법

Step 1 MP3 파일 듣고 책 읽기

먼저 본문 대화문 MP3 파일을 한 번 들어 보고, 본문 내용을 읽고 해석해 봅니다. Key Expressions 내용까지 모두 읽은 후, 영어 문장을 소리 내어 다시 한번 읽어 봅니다.

Step 2 섀도잉 훈련

본문 MP3 파일의 한 문장 또는 한 줄을 구간 반복 재생해 놓고, 한 번 듣고 일시 정지하고 따라 말하기, 다시 듣고 일시 정지하고 따라 말하기를 익숙해질 때까지 반복합니다. 문장을 구간 반복 재생해 놓은 상태에서 이번엔 동시에 따라 말하기를 연습합니다. 이렇게 그날의 대화문 전체를 듣고 말하기와 동시에 따라 말하기 연습을 끝까지 다 합니다.

Step 3 해석만 보고 영문 말하기

반복된 말하기 연습으로 자신도 모르게 본문 대화문을 거의 암기한 사람이 많을 거예요. 한국어 해석만 보고 영어로 말해 보는 연습을 해 보세요. 생각이 잘 나지 않는 문장은 영어 대화문에서 확인하고, 해석만 보고 대화문 전체를 영어로 완벽하게 말할 수 있을 때까지 반복해서 연습합니다.

Step 4 연습문제 풀기

5일 동안 공부한 내용을 제대로 기억하고 있는지 Pop Quiz를 통해 확인합니다.

contents

How ya doin'?

어떻게 지내?, 안녕하세요?

상대방의 안부를 묻는 인사말 중 가장 많이 쓰는 표현으로 How are you doing? 또는 좀 더 말하기 편하게 How ya doin'?이라고 합니다. How's *somebody* doing? 형태로 제3자의 안부를 물을 수도 있습니다.

ex **How's she doing?** 걔는 어떻게 지내?
How's Nick doing? 닉은 어떻게 지내?

Man	Hey, **how ya doin'?**
Woman	I'm doing all right. **How was your day?**
Man	It was **hectic.** You know I'm writing a book.
Woman	I thought you were almost done.
Man	No. **I still have a long way to go.**
Woman	Wouldn't it be fantastic if your book becomes a best seller?
Man	**It would be a dream.**
Woman	**You never know.**

남자	야, 잘 지내?
여자	잘 지내지. 넌 오늘 하루 어땠어?
남자	바빠 죽는 줄 알았어. 나 책 쓰는 거 알잖아.
여자	거의 다 썼는 줄 알았는데.
남자	아니야. 아직 멀었어.
여자	네 책이 베스트셀러가 되면 진짜 좋을 텐데.
남자	꿈 같은 소리다.
여자	혹시 또 모르지.

How was your day? 오늘 하루 어땠어?

가족, 룸메이트, 친구 등 하루 일과를 마치고 만났을 때 가장 많이 쓰는 인사 표현입니다. How was your weekend?(주말 어떻게 보냈어?), How was your vacation?(휴가 잘 보냈어?) 이런 식으로 활용할 수도 있습니다.

A Hey, how was your day? 아, 오늘 하루 어땠어?
B Great. How was yours? 좋았어. 너는 어땠어?
A Super. 아주 좋았지.

---

hectic 정신없이 바쁜

일의 양이 많다거나 상황이 복잡하게 돌아갈 때 '너무 바쁘다', '정신없다'는 뜻으로 쓰는 표현이에요.

I have a hectic schedule this week. 이번 주에는 스케줄이 엄청 빡빡해.

I still have a long way to go. 아직 멀었어, 갈 길이 멀어

'일을 다 끝내려면 아직 멀었다'는 뜻인데요. 당장 눈앞에 쌓여 있는 일 말고도 '성공하려면 멀었다', '학위를 따려면 멀었다'와 같이 무언가를 이루는 데 있어 한참 걸린다고 할 때도 쓸 수 있습니다. 우리말로 '아직 갈 길이 멀다'는 표현과 비슷해요.

A Wow! Your English got much better. 우와! 너 영어 많이 늘었다.
B Thanks, but I still have a long way to go. 고맙긴 한데 아직 한참 멀었어.

It would be a dream. 꿈같은 소리야

이루어지면 참 좋겠지만 이루어질 확률이 낮거나 아예 이룰 수 없는 일에 대해 말할 때 "꿈에서나 가능한 일이다.", "꿈같은 얘기다."와 같이 꿈에 빗대서 표현하죠. 이와 비슷한 표현으로 Sounds like a dream.이 있습니다.

You never know. 혹시 모르지

어떤 일의 결과에 대해 상대방이 '분명 이럴 것이다'라고 미리 결론을 내릴 경우 '결과가 나와 봐야 알지', '혹시 또 모르지'라며 가능성을 제시할 때 사용하는 표현이에요.

A The Dodgers are going to win. 다저스가 이기겠네.
B You never know. The game is not over yet. 그거야 아직 모르지. 경기 아직 안 끝났거든.

How have you been?

그동안 어떻게 지냈어?

오랜만에 만난 사람에게 그동안 어떻게 지냈는지 물어보는 표현입니다. 짧게 How ya been? 또는 How've you been?이라고도 많이 합니다.

ex A **Hey, how ya been?** 야, 그동안 어떻게 지냈니?
  B **I've been so busy.** 너무 바빴어.

Man	Eileen? Is that you?
Woman	Brice? Hey, you stranger!
Man	I almost didn't recognize you.
Woman	It's been a long time. How have you been?
Man	Never been better. Yourself?
Woman	Same old, same old. We should keep in touch, you know.
Man	We really should.
Woman	Drop me a line, OK?

남자 너 혹시 아일린 맞아?
여자 브라이스? 야, 얼굴 잊어버리겠다!
남자 하마터면 너 못 알아볼 뻔했어.
여자 오랜만이잖아. 그동안 어떻게 지냈어?
남자 아주 잘 지냈지. 너는?
여자 그냥 똑같지 뭐. 연락 좀 하고 지내자, 우리.
남자 그럼, 그래야지.
여자 소식 전하고, 알았지?

I almost didn't recognize you. 하마터면 너 못 알아볼 뻔했어

친구나 지인을 오랜만에 만났거나, 오랜만이 아니어도 상대방의 모습이 많이 변해서 쉽게 못 알아봤을 때 쓰는 표현입니다. '거의'라는 뜻의 almost와 함께 쓰여서 "하마터면 너 못 알아볼 뻔했다."라는 의미가 됩니다.

It's been a long time. 오랜만이다, 한참 됐다

오랜만에 친구나 지인을 만났을 때 쓰는 표현입니다. 사람을 만난 경우뿐 아니라 옛날 일에 대해 말할 때 그 시점으로부터 시간이 많이 흘렀다는 의미로도 사용할 수 있습니다. 그리고 It's been a long time since ~라고 하면 '~한 지 오래되었다'란 의미가 됩니다. 같은 의미로 Long time no see.도 있습니다.

I don't remember his name. It's been a long time.
그 사람 이름이 기억 안 나. 하도 오래전이라서 말이야.

Yourself? 너는?

상대방의 안부 인사에 대답을 한 후 "너는 어때?"라고 되물을 때 보통은 And you?나 How about yourself? 를 떠올리게 되는데요. 실생활에서는 아주 간단하게 Yourself?라고 말하는 경우도 많습니다.

Same old, same old. 늘 똑같지

상대방이 나에게 How are you?나 How have you been? 등 안부를 물어올 때 "옛날이랑 똑같지.", "맨날 똑같지."란 의미로 Same old, Same old.라는 표현을 쓸 수 있습니다. 그런데 보통 [세임 올드, 세임 올드]라고 발음하기 보다는 Same ol' Same ol'[세임 올, 세임 올]과 같이 발음할 때가 많습니다.

keep in touch 연락하다

"우리 연락하고 지내자."라는 말 많이 하죠. 가끔 전화도 하고 이메일도 보내며 서로 소식을 전하자고 할 때 쓸 수 있는 표현입니다. 뒤에 'with + 사람'이 오면 특정한 대상과 연락을 하며 지낸다는 뜻이 돼요.

Let's keep in touch. 연락하자.
I don't keep in touch with my cousin. 난 내 사촌이랑 연락 안 하고 지내.

DAY 003

What are you up to?
뭐 해?, 뭐 할 거야?

be up to ~는 '무엇을 하다'란 뜻인데요. 그래서 What are you up to?라고 하면 "뭐 해?", "뭐 하니?"란 말이 됩니다. up to 뒤에 때를 나타내는 단어를 넣어서 그때 뭘 하는지 물어볼 수도 있고, What have you been up to?라고 하면 "그동안 뭐하고 지냈어?"란 말이 됩니다.

ex **What are you up to tonight?** 너 오늘 밤에 뭐 해?
What are you up to today? 너 오늘 뭐 해?
What are you up to now? 지금 뭐 해?

Woman	John, **what are you up to?**
Man	Nothing much.
Woman	**I'm having my friends over** today. **Are you up for it?**
Man	Is Alice coming, too?
Woman	**It goes without saying.**
Man	I'm coming, **then.**
Woman	You **have eyes for** Alice, don't you?
Man	I do, but don't tell her yet.

여자 존, 뭐 해?
남자 아무것도 안 해.
여자 오늘 친구들 부르려고 하는데. 너도 올래?
남자 앨리스도 오니?
여자 두말하면 잔소리지.
남자 그럼 갈래.
여자 너 앨리스한테 관심 있구나, 그치?
남자 응, 그래도 걔한테는 아직 말하지 마.

have *somebody* over (for *something*)
(~을 위해서) ~를 집으로 부르다/초대하다

함께 식사하거나 놀기 위해 친구나 지인을 집으로 부르는 것을 의미합니다.

Can I have my friends over this Saturday? 이번 주 토요일에 친구들 불러도 돼?
We'll have you over for dinner before we leave. 우리 떠나기 전에 널 저녁 식사에 초대할게.

Are you up for it? 너도 같이 할래?

up for *something*은 '~에 흥미가 있다', '~을 할 의사가 있다'란 뜻인데요. "클럽에 갈 건데 너도 같이 갈 래?", "축구 할 건데 너도 같이 할래?"와 같이 상대방에게 무언가를 함께할 의사가 있는지 물어볼 때 Are you up for it?이라고 합니다. I'm not up for it.은 "난 흥미 없어.", "난 생각 없어."란 말입니다.

It goes without saying. 두말하면 잔소리지

아기는 엄마 품에서 자라야 한다든지, 총기 소지는 불법이 되어야 한다든지, 이렇게 어떤 사안에 대해 '당연히 ~하다', '말할 것도 없이 ~해야 한다'라고 확고한 의견을 표현할 때 쓰는 표현입니다.

It goes without saying that you should get paid more for the extra hours.
두말할 것도 없이 시간 외 수당을 더 받아야지.

~, then 그럼, 그렇다면

우리말에서는 '그럼', '그렇다면'이란 말이 보통 문장 앞에 오지만, 구어체 영어에서는 문장 끝에 then이 오는 경 우가 많습니다.

I'll see you tomorrow, then. 그럼 내일 보자.
You'd better hurry, then. 너 그럼 서둘러야겠다.

have eyes for *somebody* ~에게 관심이 있다

우리말에 '~에 눈독 들이다'라는 말이 있는 것처럼 have eyes for *somebody*는 '~에게 관심이 있다/호감이 있다'란 표현입니다.

I have eyes for my boss's daughter. 내 직장 상사 따님한테 마음이 있어.

Just chillin'.

그냥 있어

구어체에서 chill은 '느긋한 시간을 보내다'란 뜻으로 많이 쓰이는데요. 누군가 나에게 무얼 하고 있냐고 물어왔을 때 "그냥 있어."라고 대답할 때가 있죠. 이때 쓰는 표현이 바로 I'm just chilling. 또는 더 간단하게 Just chillin'.입니다.

Man	Linda, what are you doing?
Woman	**Just chillin'.**
Man	**I'm about to** go shopping for my mom's birthday. Can you come with me?
Woman	Sure. **Do you have anything in mind?**
Man	**You got me.** It's hard to shop for women.
Woman	Don't worry. I'll be a help.
Man	Thanks. Let's meet at the shopping mall downtown.
Woman	OK. **I'm on my way. See you in a bit.**

남자	린다, 뭐 하고 있니?
여자	그냥 있는데.
남자	난 지금 우리 엄마 생일 선물 사러 가려고. 같이 가 줄 수 있어?
여자	그러자. 뭐 살지 생각해 둔 건 있고?
남자	아니, 잘 모르겠어. 여자들 선물 사는 건 어렵단 말이야.
여자	걱정 마. 내가 도와줄게.
남자	고마워. 그럼 시내에 있는 쇼핑몰에서 보자.
여자	그래. 지금 갈게. 좀 있다 보자.

be about to ~ ~하려고 하는 참이다

be about to ~는 '~하려고 하는 참이다'란 뜻인데요. just를 추가해서 be just about to ~라고 하면 '막 ~ 하려고 하는 참이다'란 뜻이 됩니다.

I was about to call you. 너한테 전화하려던 참이었어.
I was just about to say that. 나 막 그 말 하려던 참이었어.

Do you have anything in mind? 뭐 생각해 놓은 거 있어?

선물, 여행 장소, 식사 메뉴 등 무엇을 결정할 때 상대방에게 염두에 둔 것이 있는지 물어보는 표현입니다.

You got me. 몰라

"열쇠 어디 있는지 알아?", "이 문제 정답 알아?" 이런 질문들을 받았을 때 "몰라."란 대답으로 I don't know. 외에 You've got me. 또는 편하게 You got me.라고도 합니다.

I'm on my way. 지금 가는 중이야, 지금 가

be on one's way는 '목적지로 가는 중이다' 또는 '목적지로 가다'라는 뜻인데요. 그래서 I'm on my way.는 상대방을 만나러 가는 도중에 연락이 왔을 때 "지금 가는 중이야."란 의미로 쓰기도 하고, "지금 가."라고 지금 바로 출발하겠다는 의미로 쓰기도 합니다.

See you in a bit. 좀 있다 보자

잠시 후 만나기로 약속한 사람이나 또는 집에서 곧 볼 사람에게 "좀 있다 보자."라고 말할 때 쓰는 표현입니다. 같은 의미로 See you soon.이 있습니다.

Can I come over?

나 거기 가도 돼?

come over는 내가 있는 곳이나 상대방이 있는 곳으로 가는 것을 의미하는데, 보통 집에 놀러 오라고 할 때 많이 씁니다. Can you come over?는 "우리 집에 올 수 있어?", Should I come over?는 "나 놀러 갈까?"가 됩니다.

ex You wanna come over and watch a movie? 우리 집에 와서 영화 볼래?
Would you like to come over for Christmas? 크리스마스 함께 보내려 올래요?
Do you want to come over for dinner? 저녁 먹으러 올래?

Woman	Paul, **can I come over?**
Man	**What for?**
Woman	I bought a camera, and **I'm dying to** show it to you.
Man	Hey, you need to stop buying stuff **on a whim**.
Woman	No, I really needed one.
Man	Emma, you already have five cameras.
Woman	But this one gave me the best **bang for the buck**.
Man	Your future husband better make good money.

여자 폴, 나 너희 집 가도 돼?
남자 왜?
여자 카메라를 샀는데 너한테 보여 주고 싶어 죽겠어.
남자 야, 너 충동구매 좀 그만해.
여자 아니야. 이건 진짜 필요했던 거야.
남자 엠마, 너 카메라만 벌써 다섯 개야.
여자 하지만 이건 가성비가 짱이란 말이야.
남자 장차 네 남편 될 사람은 돈 많이 벌어야겠다.

What for? 뭐 하러?, 뭐 때문에?

상대방이 무엇을 하려는지 의도가 궁금해서 물어볼 때는 What for? 또는 For what?이라고 합니다. 여기서 for는 '목적, 용도'를 나타냅니다. 또 상대방이 나에게 고맙다고 하거나 미안하다고 했는데, 내가 그 이유를 몰라 "뭐가 고마워?", "뭐가 미안해?"라고 이유를 물을 때는 For what?이라고 합니다.

A I'm going to buy another car. 나 차 한 대 더 살 거야.
B What for? 뭐 하러?

I'm dying to ~ ~하고 싶어 죽겠어

'~하고 싶어 죽겠다'란 말은 영어도 마찬가지로 be dying to ~란 표현을 쓰는데요. 그래서 I'm dying to see you.는 "네가 보고 싶어 죽겠어.", I'm dying to know.는 "궁금해 죽겠어."란 말이 됩니다.

She's dying to see you. 걔가 너 보고 싶어서 안달이 났어.
Everybody's dying to meet you. 모두 널 만나고 싶어 난리야.

on a whim 충동적으로

필요 없는 물건을 순간 혹해서 사거나 계획에 없던 일을 충동적으로 했을 때 on a whim이란 표현을 씁니다.

I quit my job on a whim. 내가 충동적으로 직장을 관뒀어.
She dyed her hair red on a whim. 걔 충동적으로 머리를 빨간색으로 염색했어.

bang for the buck 가성비가 좋은

'가격 대비 성능이 좋은'을 줄여서 가성비라고 하죠. '가성비가 좋다'는 말을 영어로는 bang for the buck 또는 bang for one's buck이라고 합니다.

This vacuum cleaner is the best bang for the buck. 이 진공청소기 가성비 짱이야.
This car gives more bang for your buck. 이 차가 가성비가 더 좋아.

1 오늘 하루 어땠어? (how was)

2 나 아직 갈 길이 멀어. (a long way)

3 그동안 어떻게 지냈어? (have been)

4 하마터면 너 못 알아볼 뻔했어. (recognize)

5 오랜만이다. (long time)

6 오늘 밤에 뭐 해? (up to)

7 오늘 집으로 친구들 부를 거야. (have ~ over)

8 너도 같이 할래? (up for)

9 두말하면 잔소리지. (without saying)

10 그냥 있어. (chill)

11 너한테 전화하려던 참이었어. (about to)

12 뭐 생각해 놓은 거 있어? (in mind)

13 저녁 먹으러 올래? (come over)

14 네가 보고 싶어 죽겠어. (dying to)

15 나 충동적으로 직장을 관뒀어. (on a whim)

정답 **1** How was your day? **2** I still have a long way to go. **3** How have you been? **4** I almost didn't recognize you. **5** It's been a long time. **6** What are you up to tonight? **7** I'm having my friends over today. **8** Are you up for it? **9** It goes without saying. **10** Just chillin'. **11** I was about to call you. **12** Do you have anything in mind? **13** Do you want to come over for dinner? **14** I'm dying to see you. **15** I quit my job on a whim.

Is this a bad time?
지금 좀 곤란하니?

상황에 따라 "내가 바쁠 때 왔니?", "지금 전화 받기 곤란해?" 등의 의미가 됩니다. 남의 집을 찾아갔거나, 전화를 걸었는데 왠지 상대방이 바쁜 것 같아 지금 찾아온 게 괜찮은지, 통화가 가능한지 등을 물어볼 때 쓰는 질문입니다.

Girlfriend Richard! **I wasn't expecting you.**

Boyfriend Why are you in your undies? Can I come in?

Girlfriend No! Give me a minute. **Meet me at** the park.

Boyfriend Is this a bad time?

Girlfriend Yes! I mean, **sort of.**

Boyfriend **Hang on.** Who's that guy in your house?

Girlfriend He's a … plumber. He's fixing the sink.

Boyfriend Fixing the sink naked? I had **a gut feeling** about you.

여자 친구 리처드! 네가 올 줄 몰랐는데.
남자 친구 넌 왜 속옷을 입고 있어? 들어가도 돼?
여자 친구 안 돼! 일 분만. 공원에서 만나.
남자 친구 내가 바쁠 때 왔나?
여자 친구 응! 내 말은 그게 좀….
남자 친구 잠깐만. 너희 집에 저 남자는 누구야?
여자 친구 그 사람은… 배관공이야. 싱크대 고치고 있는 중이야.
남자 친구 싱크대를 발가벗고 고치니? 어째 느낌이 이상하다 했다.

I wasn't expecting you. 네가 올지는 몰랐는데

expect는 '예상하다, 기대하다'란 뜻인데요. 오기로 한 사람이나 받을 물건을 기다린다고 할 때 쓸 수 있습니다. 만약 누군가를 만나러 갔는데 다른 사람이 나와서 Is she expecting you?라고 물어본다면 "그녀가 알고/기 다리고 있나요?"란 질문인데, 이 말은 곧 "그녀와 만나기로 약속했나요?"라는 의미입니다.

I'm expecting my friend. 내 친구를 기다리고 있어.
She's expecting an Amazon delivery. 걔 아마존 택배를 기다리더라.

Meet me at ~ ~에서 보자

'~에서 보자'라고 말할 때 대부분 Let's meet ~을 먼저 떠올리겠지만, 원어민들은 Meet me at ~이란 표현을 즐겨 씁니다.

sort of 조금, 약간, 대충

"지금 얘기하기 곤란하니?", "조금.", "배고프니?" "약간.", "무슨 말인지 알겠니?" "대충." 이렇게 질문에 대해 "조금.", "약간.", "대충."이라고, 완전히 그런 건 아니지만 어느 정도 그렇다고 말할 때 쓰는 표현이 바로 Sort of.입니다. 이렇게 짧은 대답으로도 많이 쓰고, 문장 속에서 '좀'이란 의미로 쓰기도 합니다. 비슷한 표현으로는 kind of가 있습니다.

I'm sort of like him. 나 걔 좀 좋아해.
It's sort of a personal matter. 좀 개인적인 문제야.

Hang on. 잠깐만

상대방이 나를 재촉하거나 또는 내가 무엇이 진행되는 속도를 따라가지 못할 때 "잠깐만.", "좀 있어 봐."라고 말하죠. 영어로는 이때 Hang on.이나 Hold on.이라고 합니다.

a gut feeling 육감, 촉

확실한 증거가 있는 것도 아니고 무슨 말을 들은 것도 아닌데 뭔가 이상하다 싶을 때가 있죠. 이런 느낌을 영어로는 a gut feeling이라고 합니다. 뇌가 인식하기 전에 내장(gut)이 먼저 느낀다는 의미로 즉 '느낌이 이상하다', '촉이 온다'는 뜻입니다.

Something went wrong. I have a gut feeling. 뭔가 잘못됐어. 촉이 와.
I have a gut feeling that she's lying. 그녀가 거짓말한다는 느낌이 들어.

You made it.

너 왔구나, 네가 해냈어

상대방이 오기 힘든 상황에서 어떤 장소에 왔거나, 올지 안 올지 몰랐는데 왔을 때 반가움의 표현으로 You made it.이라고 합니다. make it은 '성공하다', '이루어내다'란 뜻이어서 상대방이 어떤 일을 성공시켰을 때 "네가 해냈어."라는 뜻으로도 씁니다.

Boyfriend	Tada! Happy birthday, sweetie!
Girlfriend	Jack? **You made it!** I thought you couldn't.
Boyfriend	**How could I miss** your birthday party? And I brought good news for you.
Girlfriend	What is it?
Boyfriend	My boss said you passed the job interview.
Girlfriend	Come again?
Boyfriend	You got the job. We work at the same place now.
Girlfriend	Awesome! This is the best day of my life!

남자 친구	짜잔! 생일 축하해, 자기야!
여자 친구	잭? 왔구나! 난 네가 못 오는 줄 알았는데.
남자 친구	내가 어떻게 네 생일 파티를 놓치니? 게다가 좋은 소식도 가지고 왔지.
여자 친구	뭔데?
남자 친구	우리 상사가 그러는데 너 취업 면접 합격했대.
여자 친구	뭐라고?
남자 친구	너 취직됐다고. 우리 이제 같은 곳에서 일하게 됐어.
여자 친구	너무 잘됐다! 오늘처럼 좋은 날이 또 있을까!

How could I miss ~? 내가 어떻게 ~를 놓치겠어?

결혼기념일, 애인 생일, 가족의 기일 같은 중요한 날이나, 꼭 봐야 하는 영화, 놓치면 안 되는 기회를 두고 "내가 어떻게 ~를 잊어?", "당연히 챙겨야지"라고 말하잖아요. 이때 쓰는 표현이 How could I miss ~?입니다.

How could I miss the new "Star Wars" movie? 새 〈스타워즈〉 영화는 꼭 챙겨 봐야지.

Come again? 뭐라고?, 다시 한번 말해 줄래?

상대방의 말을 제대로 못 들었거나 또는 듣긴 들었는데 믿기 어려운 경우 "뭐라고?", "다시 한번 말해 줄래?" 란 의미로 Come again?을 사용합니다. 이외에도 Can you say that again?, Sorry?, Excuse me?, Pardon me? 등을 같은 의미로 사용합니다.

Awesome! 멋지다!, 끝내준다!

awesome은 '아주 멋진, 아주 좋은, 끝내주는, 죽여주는'이란 뜻의 형용사입니다. 멋진 광경이나 물건을 보고 감탄할 때도 쓰고, 사람의 멋진 모습이나 행동을 보고 인정할 때도 쓰고, 안부를 묻는 인사에 대해 끝내주게 좋다고 답할 때도 쓸 수 있어요. 길게 설명할 필요 없이 그냥 Awesome! 한마디로 감정이나 느낌을 표현할 때도 많습니다.

You look awesome. 너 정말 멋지다.
Wow! That was awesome! 와! 정말 멋졌어!

This is the best day of my life! 내 생애 최고의 날이야!

짝사랑하던 사람과 첫 데이트를 했을 때, 꿈꾸던 대학이나 회사로부터 합격 통보를 받았을 때 등등 꿈만 같던 일들이 일어나서 너무 행복한 날에는 This is the best day of my life.라고 말할 수 있겠죠. 반대로 시험에 떨어졌는데 여자 친구한테까지 차이게 된 비참한 날이라면 This is the worst day of my life.라고 표현할 수 있습니다. 같은 의미로 This is the best day ever.와 This is the worst day ever.라고 해도 됩니다.

What brings you here?
너 여긴 어쩐 일이야?

뜻밖의 손님이 찾아왔거나 어떤 장소에서 우연찮게 지인과 마주친 경우 "네가 여긴 어쩐 일이야?"란 의미로 What brings you 장소?로 말합니다. Why are you here?나 Why did you come here?라고 하면 "네가 여기 왜 왔니?"라며 따지는 말이 될 수 있으니 주의하세요.

(Ding Dong ~)

Woman	Jaden, **what brings you here?**
Man	**I just came by to say hi.**
Woman	**How nice of you!**
Man	Can I come in for sec?
Woman	Sure. **Come on in.**
Man	Hope I didn't disturb you.
Woman	Not at all.
Man	Thanks. **I won't stay long.**

(딩동 ~)

여자	제이든. 네가 여긴 웬 일이야?
남자	인사나 하려고 들렀지.
여자	고마워라!
남자	잠깐 들어가도 될까?
여자	당연하지. 어서 들어와.
남자	내가 방해한 게 아니었으면 좋겠는데.
여자	전혀.
남자	고마워. 오래 있진 않을 거야.

I just came by to say hi. 그냥 인사나 하려고 들렀어

"그냥 인사하려고 들렀어."라고 할 때는 I just came by to say hello. 또는 I just came by to say hi.라고
합니다. came by 대신 그냥 came이라고 해도 되고, came here라고 해도 됩니다. come by 외에도 '들르
다'라는 뜻의 연어 표현으로 stop by, drop by, swing by 등을 많이 씁니다.

Come by at 3. 3시에 들러.
I'll come by tomorrow. 내일 들를게.
Can I stop by? 잠깐 들러도 돼?
Stop by anytime. 언제든지 들러.
I need to drop by the pharmacy. 나 약국에 잠깐 들러야 해.
I'm gonna swing by the book store. 나 서점에 잠깐 들를 거야.

How nice of you! 고마워라!, 착해라!

누군가 나를 배려하고 도와줬거나 대의적으로 좋은 일을 했을 때 "다정하기도 하지!", "착하기도 하지!", "참
친절하시네요!" 등의 의미로 쓰는 표현입니다. 같은 의미로 You're so sweet!, How sweet of you! 또는
That's very kind of you!라고 해도 됩니다.

Come on in. 들어오세요

찾아온 손님에게 집 안으로 들어오라고 할 때는 Come in.과 Come on in. 둘 다 쓰는데요. Come on in.이
조금 더 친근한 어감이 있습니다.

I won't stay long. 오래 있지는 않을 거야

남의 집을 방문했을 때 부담 주지 않으려고 "오래 있지는 않을 거야.", "금방 갈 거야."란 의미로 쓰는 표현이 바로
I won't stay long.입니다. 같은 의미로 I have to leave soon.이라고 해도 됩니다. 그리고 어떤 일이 오래
걸리지 않는다고 할 때는 It won't be long.이라고 합니다.

You're early.

일찍 왔네

퇴근 시간보다 일찍 귀가한 남편, 약속 시간보다 일찍 나와 있는 친구 등 상대방이 평소보다 또는 약속 시간보다 이른 시간에 왔을 때 놀라움을 나타내는 표현입니다. 반대로 늦게 온 경우라면 You're late.라고 말합니다. 구체적으로 몇 분 일찍 왔거나, 늦었다고 말할 때는 early나 late 앞에 시간을 넣으면 됩니다.

ex **I'm ten minutes early.** 제가 10분 일찍 왔어요. (병원, 미용실 등의 예약 시간보다)
You're twenty minutes late. 너 20분 늦었어.

Brother **Hey, you're early today.**

Sister **I ditched last period. Don't tell Mom, OK?**

Brother **I'm calling her right now.**

Sister **Oh, yeah? I'll tell her you watched something very inappropriate last night, then.**

Brother **You're so devious!**

Sister **I'll take that as a compliment.**

Brother **It wasn't a compliment. Anyway, we're even now.**

Sister **Deal!**

오빠 야, 너 오늘 일찍 왔다.

여동생 마지막 수업 땡땡이쳤지롱. 엄마한텐 말하지 마, 알았지?

오빠 엄마한테 당장 전화해야지.

여동생 그래? 그럼 뭐, 나도 엄마한테 오빠가 어젯밤에 보면 안 되는 동영상 본 거 말해야겠다.

오빠 하여간 보통내기가 아니라니까!

여동생 칭찬으로 들을게.

오빠 칭찬 아니거든. 아무튼 이제 이걸로 퉁치는 거다.

여동생 좋아!

ditch 땡땡이치다, 따돌리다

ditch는 기본적으로 '버리다'란 뜻인데요. 학교 수업이나 일을 '제치다', '땡땡이치다'라는 뜻으로도 쓰이고, '사귀던 사람을 차다/버리다' 또는 '(어떤 장소에서 함께 있던 사람에게) 말도 없이 가 버리다'란 뜻으로도 사용합니다. '땡땡이치다'란 이미로 play hooky란 표현도 자주 씁니다.

I ditched work today. 나 오늘 회사 땡땡이쳤어.

Are you ditching class? 너 수업 땡땡이치는 거야?

She ditched me for a younger man. 그녀가 연하남 때문에 날 버렸다.

My friends ditched me. 내 친구들이 날 버리고 가 버렸다.

How about we play hooky today? 우리 오늘 땡땡이치는 거 어때?

I'm going to play hooky after lunch. 나 점심 후에 땡땡이칠 거야.

We played hooky and went to the beach. 우리 땡땡이치고 해변에 갔어.

I'll take that as a compliment. 칭찬으로 받아들일게

칭찬을 들었거나 딱히 칭찬은 아니지만 칭찬으로 여기겠다고 할 때 쓰는 표현입니다. 칭찬에 대한 답변으로는 보통 Thanks for the compliment.(칭찬 고마워요.)라고 합니다. 만약 칭찬이 아니었는데 상대방이 칭찬으로 여길 때는 It wasn't a compliment.(그거 칭찬 아니었는데.)라고 하면 되겠죠.

A   You have the worst smelling farts in the world. 이 세상에서 네 방귀 냄새가 제일 구려.

B   Thank you. I'll take that as a compliment. 고마워. 칭찬으로 받아들일게.

We're even. 우리 비긴 거다, 그걸로 퉁치는 거다, 피차일반이네

양쪽이 서로 잘못한 것이나 신세 진 것이 같을 때 We're even.이라고 하는데요. 상황에 따라 "우리 비긴 거다.", "그걸로 퉁치는 거다.", "피차일반이네." 등의 의미가 됩니다.

Now we're even. 이제 우리 비긴 거다.

Then we're even. 그럼 우리 비긴 거네.

Deal! 좋아, 그렇게 하자!

deal은 '거래'라는 뜻인데 실질적으로 먼가를 주고받는 거래가 아니라 상대방의 제안을 받아들이는 경우에 "좋아!", "그렇게 하자!"란 의미가 됩니다.

DAY
010

Sorry I'm late.
늦어서 미안해

정해진 시간이나 약속 장소에 늦게 도착해서 사과할 때는 간단하게 Sorry I'm late.라고 합니다. 누가 어디에 늦었다고 말할 때는 She's late for school.(걔 학교 지각이야.)처럼 'Somebody's late for 장소'로 표현합니다.

Boy **Sorry I'm late. I walked** my bike all the way here.

Girl What happened?

Boy I got a flat tire.

Girl **Bummer!**

Boy Gosh, **I'm parched.**

Girl **You want a sip?**

Boy Sure. **Can I finish** the whole thing?

Girl Hey, get your own drink!

소년 늦어서 미안해. 여기까지 자전거 끌고 오느라고.

소녀 무슨 일이래?

소년 바퀴가 펑크 나서 말이야.

소녀 저런!

소년 아우, 목말라 죽겠네.

소녀 한 모금 마실래?

소년 좋지. 이거 내가 다 마셔도 돼?

소녀 야, 네 거 사 먹어!

walk ~ ~를 옮기다/끌고 가다

walk는 '걷다'라는 뜻 외에 물건을 '옮기다, 끌고 가다'란 의미로도 쓰입니다. 무거운 가구를 옮길 때 통째로 한 번에 번쩍 들어 나르지 못하고 이쪽저쪽을 번갈아 들었다 낮다 하며 옮기는 경우, 혹은 자전거 등을 타지 않고 끌고 가는 경우에도 사용합니다. 그리고 walk the dog이라고 하면 '개를 산책시키다'란 말이 됩니다

Bummer! 헐!, 이런!, 실망이다!

안 좋은 상황이나 실망스런 얘기를 듣고 유감을 표할 때 쓰는 표현입니다. 상대방에게 안 좋은 일이 생겼을 때나 함께 기대하던 일이 무산됐을 때 등 상황에 따라 "이런!", "안됐다." "실망이다." 등의 의미가 됩니다. That's a bummer.나 What a bummer! 형태로도 많이 씁니다.

I'm parched. 목말라 죽겠어

목이 너무 말라서 단순히 thirsty로 표현하기 부족할 때는 '몹시 건조한'이란 뜻의 parched를 써서 I'm parched.라고 합니다. 그리고 "배고파 죽겠다."라고 할 때는 '굶어 죽다'란 뜻의 단어 starve를 써서 I'm starving. 또는 I'm starved.라고 표현합니다.

You want a sip? 한 모금 마실래?

sip은 '한 모금'이란 뜻이어서 "너도 한 모금 줄까?"라고 물을 때는 You want a sip?이라고 합니다. 마찬가지로 "너도 한 입 먹을래?"라고 물을 때는 '한 입'이란 단어 bite를 써서 You want a bite?라고 하면 됩니다.

Can I have a sip? 한 모금 먹어도 돼?
Give me a bite. 한 입 줘.
Take a bite. 한 입 먹어.

Can I finish ~? ~ 마저 해도 돼?, ~ 다 먹어도 돼?

보던 책이나 영화를 마저 봐도 되는지, 음식을 남기지 않고 다 먹어 버려도 되든지 등 하던 것을 끝까지 마무리해도 되는지, 남은 것을 다 처리해도 되는지 물을 때 사용할 수 있는 표현입니다.

Can I finish the movie? 영화 마저 다 봐도 돼요?

Day 6~10 주어진 어휘를 이용해서 문장을 만들어 보세요.

1 지금 좀 곤란하니? (bad)

2 네가 올지는 몰랐는데. (expect)

3 너 왔구나. (make)

4 내가 어떻게 네 생일 파티를 놓치겠어? (miss)

5 뭐라고? (come)

6 내 생애 최고의 날이다. (the best)

7 여긴 어쩐 일이야? (bring)

8 그냥 인사하려고 들렀어. (to say)

9 오래 있지는 않을 거야. (stay)

10 제가 10분 일찍 왔어요. (early)

11 나 오늘 회사 땡땡이쳤어. (ditch)

12 칭찬으로 받아들일게. (compliment)

13 이제 우리 비긴 거다. (even)

14 늦어서 미안. (sorry)

15 한 모금 마실래? (sip)

정답 **1** Is this a bad time? **2** I wasn't expecting you. **3** You made it. **4** How could I miss your birthday party? **5** Come again? **6** This is the best day of my life. **7** What brings you here? **8** I just came by to say hi. **9** I won't stay long. **10** I'm ten minutes early. **11** I ditched work today. **12** I'll take that as a compliment. **13** Now we're even. **14** Sorry I'm late. **15** You want a sip?

DAY 011

What's the hurry?
뭐가 그렇게 급해?

허겁지겁 서두르는 상대방에게 "뭐가 그렇게 급해?", "왜 그렇게 서둘러?"라고 말할 때는 What's the hurry? 또는 What's your hurry?라고 합니다. 이유를 묻는 질문도 되지만 "서두를 거 없잖아."란 뜻으로 쓰기도 합니다.

Editor	Mr. Jordan, when can you send me the script?
Writer	This Friday **at the earliest**, and next Monday **at the latest**.
Editor	Can you finish a little earlier?
Writer	**What's the hurry?**
Editor	We've made changes to our plan.
Writer	I'll try, but **no matter how fast** I work, it won't be before Thursday.
Editor	OK. **Make it happen.**

편집가 조던 씨, 원고 언제 보내 주실 수 있을까요?
작가 빠르면 이번 주 금요일, 늦으면 다음 주 월요일이요.
편집가 좀 빨리 끝내 주실 수 있을까요?
작가 뭐가 그렇게 급하신데요?
편집가 계획이 좀 수정됐거든요.
작가 노력은 해 보겠지만, 아무리 빨라도 목요일 전엔 안 될 거예요.
편집가 네, 그럼 그때까지 꼭 해 주세요.

at the earliest 빠르면

상황이 진행되는 속도를 두고 '빠르면 언제까지'라고 할 때 at the earliest 라고 합니다.

The house renovation can be done next week at the earliest.
집 리모델링이 빠르면 다음 주에 끝날 예정입니다.

at the latest 늦으면

at the earliest와 반대로 상황이 최대한 지연되었을 때를 감안해서 '늦으면 언제까지'라고 할 때는 at the latest라고 합니다.

The book will be published in March at the latest.
늦으면 3월에나 책이 출간될 예정입니다.

no matter how fast 아무리 빨라도

'아무리 빨라도' 그때까지는 못 끝낸다, 그전에는 불가능하다는 표현을 영어로는 no matter how fast라고 합니다. 반대로 '아무리 늦어도' 언제까지는 끝낼 수 있다는 표현은 late를 써서 no matter how late라고 하면 되겠죠.

No matter how fast, I won't be home before eleven. 아무리 빨라도 11시 전엔 집에 못 들어가.
No matter how late, the package will be delivered before Wednesday.
아무리 늦어도 수요일 전에는 택배가 배달될 거예요.

Make it happen. 실현시켜라, 해내세요

상대방에게 어떤 일을 성사시키라고 주문할 때, 꼭 해내라고 응원할 때 Make it happen.이라고 합니다. 어감 상 명령조로 느껴질 수 있지만, 화자가 강압적인 의도로 말하는 게 아니라면 부탁, 격려의 뜻으로도 사용됩니다.

Take your time.

천천히 해

상대방에게 서두르지 말고 천천히 하라고 할 때는 Take your time.이라고 합니다. 특히 상대가 생각할 시간이 필요할 때, 긴장하거나 조급해서 뭔가를 제대로 못 하고 있을 때, 그 사람을 안심시키려는 목적으로 많이 사용합니다. take one's time은 '뭔가를 느긋하게 하다, 시간을 끌다'란 뜻으로 다른 주어를 넣어서 활용할 수도 있습니다.

ex **I don't want to marry young. I'll take my time.**
난 결혼 빨리 하고 싶지 않아. 천천히 할 거야.

Son	Mom, my math homework **is killing me.**
Mom	**Take your time.** You'll get it if you **think it through.**
Son	But my friends will start group texting soon.
Mom	**That can wait.**
Son	I'm gonna skip my homework today. One day is OK.
Mom	Shut it! You have to do your homework.
Son	**Don't tell me what to do.** I'm not a baby anymore.
Mom	**Don't talk back to me.** Do your homework now!

아들	엄마, 수학 숙제 때문에 힘들어 죽겠어요.
엄마	천천히 해. 잘 생각하면 풀 수 있어.
아들	하지만 친구들이 곧 단체 문자 시작할 텐데요.
엄마	그건 나중에 해도 돼.
아들	오늘 숙제는 그냥 안 할래요. 하루 정도는 안 해도 괜찮아요.
엄마	시끄러! 숙제는 꼭 해야 해.
아들	이래라저래라 하지 마세요. 저도 이제 어린애가 아니란 말이에요.
엄마	말대답하지 마. 당장 숙제 해!

~ is killing me ~ 때문에 죽겠다

공부 때문이든, 사업 때문이든 인간관계 때문이든, '~ 때문에 힘들어 죽겠다'고 할 때는 ~ is killing me라고 합니다. 몸의 어떤 부위에 심한 통증이 지속되는 경우에도 사용합니다.

My back is killing me. 허리 아파 죽겠어.

Think it through. 충분히 생각해 봐

think *something* through는 '충분히 생각하다, 모든 가능성을 고려하다'란 뜻인데요. 신중히 생각하지 않고 섣부른 결정을 내리려는 사람이나, 중요한 결정을 앞두고 있는 사람에게 "충분히 생각해 봐.", "신중하게 생각해."라고 말할 때 Think it through.라고 합니다.

Did you think it through? 신중하게 잘 생각했어?

That can wait. 그건 나중에 해도 돼

상대방이 급하고 중요한 일 대신 다른 일을 먼저 하려고 할 때 "그건 나중에 해도 돼."라는 뜻으로 쓰는 표현입니다. 상대방이 말한 문장을 그대로 받아서 말할 때는 That can wait.라고 하고, 상대방이 말한 특정 무엇을 가리켜 말할 때는 It can wait.라고 합니다. 미국 영화관에서 영화가 시작하기 전 휴대전화 사용을 금지하는 안내 문구가 나오는데, 그때 나오는 문장이 바로 It can wait.랍니다.

Don't tell me what to do. 나한테 이래라저래라 하지 마

상대방이 자꾸 나에게 이래라저래라 지시를 내려서 짜증 날 때 Don't tell me what to do. 또는 Stop bossing me around.라고 하면 됩니다. boss around는 '이래라저래라 지시하다'란 뜻입니다.

You're not my boss. Don't tell me what to do. 내 상관도 아니면서 나한테 이래라저래라 하지 마.

Don't talk back to me. 나한테 말대답하지 마

talk back은 '대답하다', '말대답하다'란 뜻이어서 Don't talk back to me.라고 하면 "나한테 말대답하지 마."란 말이 됩니다. 엄마가 아이들에게 자주 하는 말 중 하나죠.

I've heard so much about you.

얘기 많이 들었어요

남편의 직장 동료를 만났거나, 여자 친구의 친구를 만났을 때 등 얘기로만 듣던 사람을 직접 만났을 때 "얘기 많이 들었어요."란 뜻으로 하는 말입니다. 그리고 이에 대한 대답으로 "좋은 얘기만 들었길 바라요."라고 할 때는 All good, I hope. 또는 Only good things, I hope.라고 합니다.

Helen	Hi, I'm Helen.
Ben	I'm Ben. **I've heard so much about you.**
Helen	I hope it's all good things.
Ben	Daniel said you love outdoor sports.
Helen	I love hiking, biking, kayaking… **you name it.**
Ben	Wow! Sounds like **a lot of fun**.
Helen	**I love it when** I'm outdoors.
Ben	You should take me with you **one of these days**.

헬렌	안녕하세요, 헬렌이에요.
벤	저는 벤입니다. 말씀 많이 들었어요.
헬렌	좋은 얘기들이었어야 할 텐데요.
벤	다니엘이 그러는데 야외 스포츠를 엄청 좋아하신다더군요.
헬렌	하이킹, 자전거 타기, 카약 타기… 다 좋아하죠.
벤	와! 엄청 재밌겠네요.
헬렌	저는 밖에서 뭘 할 때가 정말 좋아요.
벤	조만간 저도 한번 데려가 주세요.

You name it. 뭐든지 말만 해

"요가, 에어로빅, 필라테스, 헬스, 뭐든 말해 봐. 나 살 빼려고 안 해 본 게 없어.", "자동차, 오토바이, 스노보드. 뭐든 빠른 건 다 좋아해." 이렇게 어떤 리스트를 쭉 열거하고 나서 그 외에도 '뭐든지 다'라고 할 때는 You name it.이라고 합니다. name은 동사로 '말하다', '이름을 대다'란 뜻이 있어서 You name it.이라고 하면 "뭐든지 말해 봐."란 말이 되죠. 문맥에 따라 "뭐든지 다 가지고 있다.", "뭐든지 다 할 수 있다.", "뭐든 다 해 봤다." 등 여러 의미가 됩니다.

Spring fruits? Strawberries, cherries, plums, apricots… You name it.
봄철 과일? 딸기, 체리, 자두, 살구… 뭐, 많지.

a lot of fun 엄청 재밌는

파티, 만남, 영화, 책 등 무엇이 '아주 재밌다', '엄청 즐겁다'라고 할 때 자주 쓰는 표현이에요. 같은 의미로 so much fun, lots of fun도 많이 씁니다.

The movie was a lot of fun. 그 영화 진짜 재밌더라.
I had so much fun at the party. 파티 정말 즐거웠어.

I love it when ~ 난 ~할 때 너무 좋아

"난 네가 프랑스어로 말할 때 너무 좋아.", "난 맛있는 거 먹을 때가 너무 좋아."처럼 '난 ~할 때 너무 좋아'라고 말할 때는 I love it when ~을 활용해서 표현할 수 있습니다.

I love it when you do that. 난 네가 그럴 때 너무 좋아.
I love it when you speak Spanish. 난 네가 스페인어 할 때가 너무 좋아.
I love it when my cat purrs. 난 우리 고양이가 그르렁거릴 때가 참 좋더라.

one of these days 조만간, 언제 한번

"언제 한번 만나자.", "조만간 술 한잔하자."라고 말할 때 '언제 한번', '조만간'에 해당하는 영어가 바로 one of these days입니다. 정확한 날짜를 정하지는 않았지만 시간을 내서 계획을 실행하겠다고 할 때 쓸 수 있어요.

I'm going to repaint my house one of these days. 조만간 집 페인트칠을 다시 할 거야.

What do you do for fun?

취미로 뭐 하세요?

상대방의 취미를 물어볼 때 What is your hobby?라고 단도직입적으로 물어볼 수도 있지만, 그러면 면접관의 질문처럼 딱딱하게 들릴 수 있어요. What do you do for fun?이라고 말하는 게 좀 더 자연스러워요.

Man I love watching movies. **What do you do for fun?**

Woman I knit.

Man Oh, wow! **That reminds me of** my mom.

Woman Does she knit, too?

Man Yeah. She's **good with her hands.**

Woman Have you tried, or is it **too girly** for you?

Man **Done that. I'm all thumbs.**

남자 난 영화 보는 걸 좋아하는데. 넌 취미가 뭐니?

여자 뜨개질.

남자 와! 뜨개질이라니까 우리 엄마 생각난다.

여자 너희 엄마도 뜨개질하셔?

남자 응. 손재주가 좋으셔.

여자 너도 해 본 적 있어? 아니면 너무 여성스러운가?

남자 벌써 해 봤지. 완전 소질 없더라고.

Somebody/Something reminds me of ~

누군가/무엇이 ~를 떠올리게 하다

"네가 옛날얘기를 하니까 어릴 적 살던 동네 생각이 나네.", "그 사람을 보니까 우리 언니 생각이 나더라," 이렇게 무엇과 관련된 기억이나 누구와 닮은 사람 등이 떠오른다고 할 때는 *Somebody/Something* reminds me of ~라고 합니다. 그리고 대화 중 상대방에게 말하려고 했던 이야기가 갑자기 떠올랐을 때는 "그러고 보니 생각났다."란 의미로 That reminds me.라고 하며 그 이야기를 꺼내면 됩니다.

You remind me of someone I know. 널 보니까 내가 아는 사람이 떠오른다.
I'll remind you to stop at the pharmacy. 이따가 너 약국에 들러야 한다고 내가 잊지 않고 말해 줄게.

be good with one's hands 손재주가 좋다

손에 뭐만 쥐었다 하면 뚝딱 뭔가를 만들어 내는 사람들을 두고 손재주가 좋다고 하죠. 영어로는 be good with one's hands라고 합니다.

I'm not good with my hands. 나는 손재주가 없어.

too girly 너무 여자 같은

남자가 여자 같은 복장을 했거나, 여자라도 지나치게 공주처럼 차려입었을 때는 '너무 여자 같다', '심하게 여성스럽다'란 의미로 too girly라고 합니다. 반대로 '너무 남성스럽다'는 too manly라고 합니다.

You dressed too girly. 너 너무 여성스럽게 입었다.

Done that. 벌써 다 해 봤어

상대방이 뭔가를 해 보라고 권했는데 "벌써 해 봤어."라고 대답할 때 Done that.이라고 합니다. 또한 어떤 장소에 이미 가 봤다고 하거나, 나도 같은 경험이 있다고 할 때는 Been there.라고 합니다. 그리고 이를 합친 표현으로 무엇을 이미 다 해 봐서 식상하다고 할 때는 Been there, done that.이라고 합니다.

I'm all thumbs. 난 손재주가 없어

손으로 하는 일에 서툴거나 소질이 없다고 할 때 I'm all thumbs.라고 표현하는데요. 열 손가락 모두 엄지손가락 (thumb)이면 당연히 손으로 하는 일에 투박하고 둔할 수밖에 없겠죠. 바느질, 뜨개질, 공 잡기, 피아노 치기, 글씨 쓰기 등등 주로 손으로 하는 일에 서툴다고 표현할 때 I'm all thumbs.라고 말해요.

DAY 015

Did you eat?

밥 먹었니?

식사 때나 식사 때가 조금 지나서 사람을 만나면 인사처럼 밥을 먹었는지 묻는 경우가 많죠. 영어로는 이럴 때 Did you eat?이라고 합니다. 구체적으로 끼니를 구분해서 Did you have breakfast/lunch/dinner?라고 물어볼 수도 있지만 Did you have?라고는 말하지 않으니 주의하세요.

Woman **What took you so long?**

Man Sorry, but now I'm a manager. **Tons of** work.

Woman I know managers work less for more money.

Man **FYI**, managers work much more for a little more money.

Woman Sounds like you're **bragging** to me.

Man No, I'm talking about responsibilities.

Woman Whatever. **Did you eat?**

Man Not yet. What do you want? **It's on me.**

여자 왜 이렇게 오래 걸렸어?

남자 미안한데, 내가 이제 매니저잖니. 일이 엄청 많다.

여자 매니저들은 일은 덜 하고 돈은 더 받는다고 알고 있는데.

남자 네가 뭘 잘 모르나 본데, 매니저들은 돈 조금 더 받는 대신 일은 훨씬 더 많이 하거든.

여자 어째 자랑하는 것처럼 들리네.

남자 아니. 책임져야 할 게 많다는 말이야.

여자 어쨌든 간에. 밥은 먹었어?

남자 아니, 아직. 뭐 먹을래? 내가 살게.

What took you so long? 왜 이렇게 오래 걸렸어?

상대방이 어디 갔다가 늦게 오거나, 어떤 일을 너무 늦게 마쳤을 때 그 이유를 묻는 질문입니다. '~ 때문에 한참 걸렸다'고 대꾸하고 싶다면 It took me forever to ~라고 하면 됩니다. 기다리는 사람이나 물건이 아직 오지 않아서 또는 상대방에게 바라는 어떤 행동이 더디게 진행될 때 "뭐가 이렇게 오래 걸려?"라는 이미로 What is taking so long?이라는 표현을 쓰기도 합니다.

A What took you so long? 왜 이렇게 오래 걸렸어?
B It took me forever to find my car keys. 차 열쇠 찾는 데 한참 걸렸어.

tons of 엄청 많은, 산더미 같은

일의 양, 사람 수, 물건의 수가 굉장히 많다는 걸 강조할 때 tons of ~ 또는 a ton of ~를 사용합니다. 1톤 트럭, 2톤 트럭에 실을 수 있는 양을 상상해 보면 쉽게 이해될 거예요. ton/tons를 발음할 때는 [톤]/[톤즈]가 아닌 [턴]/[턴즈]로 발음해야 한다는 것도 알아 두세요.

There were tons of people at the beach. 해변에 사람들이 아주 바글바글하더라.

FYI(For Your Information) 네가 뭘 모르나 본데, 한 가지 알려 두자면

상대방이 어떤 사실을 알지 못하거나 상황 파악도 못 하고 딴소리를 할 때 For your information이라고 하면서 알려 주는데요. "네가 뭘 모르나 본데", "한 가지 알려 두자면"이란 뜻이에요. 줄여서 그냥 FYI(에프와이아이)로 쓸 때도 많습니다.

brag 자랑하다

자신이 가진 것이나 한 일을 자랑스럽게 떠벌리는 것을 brag라고 해요. 새로 산 집을 자랑하거나, 시험 성적을 자랑하는 등 뭐든 과하게 자랑할 때 사용합니다. 비슷한 표현으로 '과시하다'란 뜻의 show off가 있습니다.

It's on me. 내가 낼게

음식이나 물건을 계산할 때 It's on me.라고 하면 "내가 낼게.", "내가 계산할게.", "내가 쏜다."란 말이 됩니다. 같은 의미로 My treat.이라고 해도 됩니다. 그리고 가게에서 음식이나 어떤 서비스를 제공하며 It's on the house.라고 하면 "서비스예요.", "무료로 드릴게요."란 의미가 됩니다.

Lunch is on me. 점심은 내가 낼게.
This round's on me. 이번 술은 내가 쏠게.
First round's on me. 1차는 내가 쏜다.

1 뭐가 그렇게 급해? (hurry)

2 실현시켜./해내세요. (happen)

3 천천히 해. (time)

4 허리 아파 죽겠어. (kill)

5 충분히 생각해 봐. (through)

6 나한테 이래라저래라 하지 마. (what to do)

7 나한테 말대답하지 마. (talk back)

8 얘기 많이 들었어요. (hear)

9 뭐든지 말만 해. (name)

10 난 네가 그럴 때 너무 좋아. (love)

11 취미로 뭐 하세요? (for fun)

12 난 손재주가 없어. (thumbs)

13 밥 먹었니? (eat)

14 왜 이렇게 오래 걸렸어? (so long)

15 내가 낼게. (on)

정답 **1** What's the hurry? **2** Make it happen. **3** Take your time. **4** My back is killing me. **5** Think it through. **6** Don't tell me what to do. **7** Don't talk back to me. **8** I've heard so much about you. **9** You name it. **10** I love it when you do that. **11** What do you do for fun? **12** I'm all thumbs. **13** Did you eat? **14** What took you so long? **15** It's on me.

Do you have plans?

너 약속 있니?

promise는 자신이 한 말을 지키겠다고 할 때의 '약속'이고, appointment는 진찰이나 면접 등 업무적인 '약속(예약)'이고, 우리가 흔히 친구나 지인과 하는 사적인 약속 또는 개인적으로 뭔가 할 일이 있다고 할 때는 have plans라고 표현합니다. 그래서 상대방에게 약속이나 할 일이 있는지 물어볼 때는 Do you have plans?라고 합니다.

Man	**I'm itching to** go fishing.
Woman	So am I.
Man	**Do you have plans** this weekend?
Woman	No, I don't.
Man	Should we go fishing together, then?
Woman	**As long as** you can **spare the time**, I would love to.
Man	All right. We should **bundle up**. It'll be cold.
Woman	**You got it.** I'm looking forward to this.

남자	낚시 가고 싶어서 몸이 근질근질하네.
여자	나도 그래.
남자	너 이번 주말에 약속 있니?
여자	아니, 없는데.
남자	그럼 우리 같이 낚시나 갈까?
여자	너만 시간을 낼 수 있다면야, 나야 좋지.
남자	좋았어. 따뜻하게 껴입고 가자. 날이 추울 거야.
여자	알았어. 낚시 너무 기대된다.

I'm itching to ~ ~하고 싶어서 몸이 근질근질하다

골프나 축구가 하고 싶어서, 여행 가고 싶어서, 밖에 놀러 가고 싶어서 등 '~하고 싶어서 몸이 근질근질하다'라고 할 때는 be itching to do *something* 또는 be itching for *something*이라고 합니다.

I'm itching to play golf. 골프 치고 싶어서 몸이 근질근질해.

as long as ~하는 한, ~한다면

"네가 직접 돌보겠다고 약속한다면 강아지 키워도 좋아.", "월급만 잘 나오면 직장 관둘 일 없어." 이렇게 어떤 결과를 도출해 내기 위해 조건이 수반되는 경우가 있는데요. '~하기만 한다면'이라는 조건을 말할 때 as long as를 사용합니다.

I don't care where we live as long as you're happy. 너만 행복하다면 나는 어디 살아도 괜찮아.
You can go to the party as long as you're home by ten. 10시까지 집에 돌아온다면 파티에 가도 좋아.

spare the time 따로 시간을 내다

spare time은 명사로 '남는 시간', '여유 시간'이란 뜻이지만, spare the time은 '시간을 내다', '시간을 할애하다'란 뜻이에요.

I spared the time for yoga class. 나는 요가 강습을 위해 따로 시간을 냈어.

bundle up 옷을 껴입다

bundle up은 '따뜻한 옷을 챙겨 입다'란 뜻이에요. 그래서 추운 날씨에 따뜻하게 껴입으라고 할 때는 Bundle up.이라고 합니다.

Bundle up. It's freezing outside. 옷 껴입어. 밖에 엄청 추워.

You got it. 알았어, 그렇게

상대방의 요청에 대해 "그렇게.", "알았어."라고 시원스럽게 대답할 때 You got it.이라고 합니다.

Let's have a drink.
한잔하자

'술 한잔하다'라고 할 때는 have a drink, get a drink, grab a drink 등의 표현을 써요. 그래서 Let's have a drink.라고 하면 "술 한잔하자."란 말이 됩니다. drink 대신 beer 등 구체적인 술 이름을 넣어서 Let's grab a beer.(맥주 한잔하자.)와 같이 말해도 됩니다.

ex You wanna grab a beer? 맥주 한잔할래?
Let's grab a drink somewhere. 어디서 술 한잔하자.
Let's go have a drink. 술 한잔하러 가자.

Man	Oh, my! **Look who's here!**
Woman	Matt! Do you work out here, too?
Man	Yeah. **What a coincidence!**
Woman	Are you done working out? **Let's have a drink.**
Man	Sorry. **I already have plans.**
Woman	I see. **Some other time, then.**
Man	Sure. **We should catch up sometime.**
Woman	Anytime.

남자	세상에! 이게 누구야!
여자	매트! 너도 여기서 운동하는 거야?
남자	응. 이런 우연이 다 있네!
여자	운동 다 했어? 같이 술 한잔하자.
남자	미안. 약속이 있어서 말이야.
여자	그렇구나. 그럼 다음에 하지, 뭐.
남자	그래. 언제 한번 만나자.
여자	언제든지 좋아.

Look who's here! 이게 누구야!

반가운 사람이나 뜻밖의 사람을 만났을 때 "이게 누구야!"라며 놀라움을 나타내는 표현입니다. 이럴 때는 여기 누가 왔는지 좀 보라는 의미로 Look who's here! 또는 Look who it is!라고 합니다.

What a coincidence! 이런 우연이 있나!

coincidence는 '우연'이란 뜻인데요. What a coincidence!라고 감탄문을 만들면 "이런 우연이 있나!", "이런 우연의 일치가!"란 말이 됩니다. 우연하게도 어떤 일이 동시에 일어난다거나, 우연히 아는 사람을 만났을 때 쓸 수 있겠죠. 이외에도 coincidence를 이용해서 다음과 같이 말해 볼 수 있어요.

This is no coincidence. 이건 우연이 아니야.
It was just a coincidence. 그건 단지 우연이었어.

I already have plans. 나 다른 약속이 있어

사적인 약속 또는 개인적으로 뭔가 할 일이 있다고 할 때는 have plans라는 표현을 쓴다고 배웠죠. 상대방이 뭔가를 하자고 제안한 시간에 이미 약속이나 계획이 있을 때는 I already have plans.라고 말하면 됩니다.

some other time 다음에

상대방의 제안에 시간이 여의치 않거나 다른 계획이 있어서 "다음에 하자."라고 말할 때는 Some other time. 이라고 합니다. 딱히 약속은 없지만 거절하고 싶을 때 Maybe some other time.이라고 하기도 합니다.

We can go to a movie some other time. 다음에 같이 영화 보러 가면 되지, 뭐.

We should catch up sometime. 우리 언제 얼굴 한번 보자

한동안 못 만났던 친구와 마주치거나 전화 통화를 하게 되면 언제 한번 만나서 그동안의 회포를 풀자는 말을 하게 마련이죠. 이때는 미처 몰랐던 서로의 소식을 따라잡는다는 의미로 catch up이란 표현을 씁니다. 그래서 오랜만에 만난 사람에게 We should catch up sometime. 또는 Let's catch up sometime.이라고 하면 "언제 얼굴 한번 보자."란 말이 됩니다. 단순히 인사말로 할 때도 있고, 정말로 약속을 잡고 만날 수도 있습니다.

Let's have a smoke.
담배 한 대 피우자

'담배를 피우다'는 have a smoke 또는 have a cigarette이라고 하는데요. 그래서 Let's have a smoke. 또는 Let's have a cigarette.이라고 하면 "담배 한 대 피우자."란 말이 됩니다.

Jill **Leo, is something bothering you?**

Leo **You don't wanna know.**

Jill Come on. **Let's have a smoke.**

Leo All right. **Can I bum a cigarette? I ran out.**

Jill Here you go.

Leo **Got a light?**

Jill Of course.

Leo Puff, puff. Smoking **is relaxing**.

길 레오, 뭐 걱정되는 일 있어?

레오 넌 모르는 게 나아.

길 그러지 말고 담배 한 대 피우자.

레오 그러자. 담배 한 대 얻을 수 있을까? 다 떨어졌네.

길 자, 여기.

레오 불 있니?

길 그럼, 있지.

레오 후~우~ 담배 피우니 마음이 편안해지긴 하네.

Is something bothering you? 뭐 걱정되는 일 있어?

bother는 '성가시게 하다, 신경 쓰게 하다'란 뜻으로, 상대방이 뭔가 걱정하거나 신경 쓰는 것처럼 보일 때 Is something bothering you?라고 물어볼 수 있습니다. 그리고 혹시 내가 상대방을 귀찮게 하는 건 아닌지 물어볼 때는 Am I bothering you?라고 말하면 됩니다. 뭔가 거추장스럽고 불편하다고 말할 때도 사용해요.

My hair is bothering me. 머리가 거추장스럽네.
My neck is bothering me. 목이 계속 불편해.

You don't wanna know. 모르는 게 나아, 몰라도 돼

상대방이 좋아할 만한 이야기가 아니거나, 내가 별로 얘기하고 싶지 않은 것을 상대방이 물어볼 때 You don't wanna know.라고 하는데요. 때에 따라 "모르는 게 나아.", "몰라도 돼." 등의 의미가 됩니다.

Can I bum a cigarette? 담배 한 대 얻을 수 있을까요?

남에게 돈이나 음식, 담배 등을 얻는다고 할 때 bum이란 단어를 쓰는데요. 그래서 Can I bum a smoke? 또는 Cam I bum a cigarette?이라고 하면 "담배 한 대 얻을 수 있어요?"란 말이 됩니다.

I ran out. 나 다 떨어졌어

쌀, 우유, 케첩, 화장지와 같은 생필품이나 돈, 시간, 아이디어, 연료 등 뭔가가 다 떨어지고 바닥 난 상태를 영어로는 run out이라고 표현합니다. 떨어진 물품이 무엇인지 구체적으로 말하고 싶으면 뒤에 of와 함께 쓰면 돼요.

We ran out of rice. 쌀 떨어졌어.

Got a light? 불 있어요?

상대방에게 담뱃불이 있는지 물어볼 때는 Do you have a light? 또는 You got a light?라고 할 수 있는데요. 짧고 쉽게 Got a light?라고 말해도 됩니다.

~ is relaxing 편안하다, 안정이 된다

어떤 것으로부터 편안함, 안정감을 느낀다는 표현을 영어로는 ~ is relaxing이라고 합니다. 그 대상에 따라 주어를 바꿔 쓰면 돼요.

The weather in Hawaii is very relaxing. 하와이 날씨는 굉장히 온화해.

Help yourself.

맘껏 드세요, 알아서 먹어, 알아서 써

음식이든 물건이든 원하는 만큼 알아서 먹거나, 알아서 쓰라고 할 때 Help yourself.라고 하는데요. 집에 온 친구나 파티에 온 손님들에게 마음껏 음식을 먹으라고 권할 때도 쓰고, 상대방에게 내 물건을 맘껏 써도 좋다고 흔쾌히 허락할 때도 사용합니다. 그리고 Help yourself to a drink.(마음껏 마셔.)처럼 Help yourself to ~ 형태로 추가적인 내용을 덧붙여 쓰기도 합니다.

ex **Help yourself to some cookies.** 쿠키 마음껏 드세요.
Help yourself to anything. 뭐든 알아서 먹어.
Help yourself to whatever you want. 원하는 거 다 맘껏 먹어.

Man	Are there print shops in **walking distance**?
Woman	**Not that I know of.** Why?
Man	I need to print something.
Woman	You can use my printer.
Man	Oh, can I?
Woman	**Here you are. Help yourself.**
Man	Hey, your printer is **low on** ink.
Woman	Can't be. I just filled it up. My printer **sucks**.

남자	걸어서 갈 수 있는 거리에 프린트할 수 있는 곳 있어?
여자	내가 알기론 없는데. 왜?
남자	프린트할 게 좀 있어서.
여자	내 프린터 써.
남자	아, 그래도 될까?
여자	자, 여기. 맘껏 써.
남자	야, 네 프린터 잉크가 별로 없는데.
여자	그럴 리가. 잉크 채운 지 얼마 안 됐단 말이야. 내 프린터 정말 구리다니까.

walking distance 걸어갈 수 있는 거리

보통 도보로 10분 이내 정도면 걸어갈 수 있는 거리라고 말하죠. 이렇게 '걸어서 갈 수 있는 거리'를 walking distance라고 합니다.

My school is in walking distance. 학교가 도보 거리에 있어. (학교가 되게 가까워.)

Not that I know of. 내가 알기로는 아니야

know of ~는 '~에 대해서 알고 있다'란 뜻으로, 상대방의 질문에 "내가 알기론 그렇지 않아.", "내가 알기론 아니야.", "내가 알기론 없어."라고 답할 때 Not that I know of.라고 합니다. 비슷한 표현으로 Not that I'm aware of.가 있습니다.

Here you are. 여기 있어

상대방에게 물건을 건네주며 "여기 있어."라고 할 때 Here you are. 또는 Here you go.라고 합니다. 간단하게 그냥 Here.라고 해도 됩니다.

low on ~ ~가 얼마 없다, 다 떨어져 가다

'차에 기름이 얼마 없다', '몸에 칼슘이 부족하다' 이렇게 무엇이 충분치 않은 상태를 말할 때 '낮다'는 뜻의 low 를 써서 low on ~이라고 합니다.

I'm low on gas. 차에 기름이 얼마 없어.

~ sucks ~이 형편없다, 거지 같다, 구리다, 밥맛이다

something/somebody sucks는 무엇의 질이나 상태 등이 몹시 나쁘다는 뜻으로 하는 말인데요. '거지 같다', '형편없다', '구리다'는 뜻으로 사용하면 됩니다. 마음에 안 드는 상황을 두고 That sucks.라고 하면 "그것 참 거지 같다."란 뜻이에요. 그리고 못되게 구는 상대방에게 한마디 하거나, 실력 없는 가수를 향해 야유를 보낼 때는 You suck.(너 형편없어.)이라고 합니다.

My job sucks. 내가 하는 일 거지 같아.
My life sucks. 내 인생 거지 같아.
My English sucks. 내 영어 형편없어.

Make yourself at home.
(너희 집처럼) 편하게 있어

집에 온 손님에게 불편하지 말고 편히 있으라고 말하고 싶을 때는 Make yourself at home. 또는 Make yourself comfortable.이라고 하면 됩니다. 남의 집에 온 손님은 아무래도 자기 집처럼 편할 순 없으니 이런 말을 해 주면 좋겠죠.

Sister   Hey, bro, what are you doing here?

Brother **Can I crash at your place** tonight?

Sister   Did your girlfriend **kick you out** again?

Brother You know I love you, sis?

Sister   **Since when?**

Brother Maybe since I was born?

Sister   **Don't give me that. Make yourself at home.**

Brother **I feel so at home.** Thanks, sis!

누나   여어, 동생, 네가 여긴 웬일이냐?
남동생 오늘 밤 여기서 좀 자도 될까?
누나   여자 친구가 또 쫓아냈냐?
남동생 내가 누나 사랑하는 거 알지?
누나   네가 언제부터?
남동생 아마도 태어나는 순간부터?
누나   집어치우고 그냥 편히 있어.
남동생 내 집처럼 너무 편해. 고마워, 누나!

Can I crash at your place? 너희 집에서 자도 돼?

crash는 구어체에서 남의 집에서 하룻밤 잔다고 하거나, 원래 자던 곳이 아닌 곳에서 잔다는 의미로 사용됩니다. 그래서 상대방의 집에서 하루 묵어도 되는지 물어볼 때 Can I crash at your place?라고 합니다.

You can crash on the couch. 너 소파에서 자도 돼.
Sometimes I crash here. 나 가끔 여기서 자.
I crashed in your bed. 나 네 침대에서 잤어.

kick *somebody* out ~를 내쫓다

집, 학교, 회사 등 어떤 장소에서 사람을 쫓아낸다고 할 때 쓰는 표현입니다. 어디에서 쫓겨나는지 그 장소를 구체적으로 말할 때는 문장 끝에 'of/from + 장소'를 넣어 말하면 됩니다.

I kicked him out. 걔 내쫓아 버렸어.
We were kicked out of the restaurant. 식당에서 우리 쫓겨났잖아.

Since when? 언제부터?

어떤 일이 언제부터 그렇게 된 건지 물을 때 Since when?이라고 말하는데요. Since when do you ~? 형태로 상대방이 언제부터 그런 행동을 한 건지 물어볼 때도 자주 씁니다. 정말로 궁금할 때도 쓰고, 비꼬아서 물어볼 때 쓰기도 합니다.

Since when do you smoke? 너 언제부터 담배 피우는 거야?
Since when do you read? 네가 언제부터 책 읽었다고 그래?

Don't give me that. 뻥치시네, 말도 안 되는 소리 하지 마

직역하면 "나에게 그것을 주지 마."이지만, 자연스럽게 의역하면 "그딴 소리 하지도 마.", "뻥치지 마."란 말입니다. 상대방의 말을 받아들이지 않겠다는 뜻이죠.

I feel so at home. 내 집처럼 아주 편해

feel at home은 어떤 장소에 있을 때나 누구와 함께 있을 때 자기 집에 있는 것처럼 편하다는 뜻입니다.

I feel at home with you. 너랑 같이 있으면 편해.

1 너 약속 있니? (plans)

2 따뜻하게 껴입어. (up)

3 한잔하자. (let's have)

4 이런 우연의 일치가! (what a)

5 나 이미 약속이 있어. (already)

6 우리 언제 얼굴 한번 보자. (catch up)

7 담배 한 대 피우자. (a smoke)

8 넌 몰라도 돼. (wanna)

9 담배 한 대 얻을 수 있을까요? (bum)

10 맘껏 드세요. (yourself)

11 내가 알기로는 아니야. (know of)

12 내 영어 형편없어. (sucks)

13 편하게 있어. (at home)

14 너희 집에서 자도 돼? (crash)

15 너 언제부터 담배 피우는 거야? (since)

정답 **1** Do you have plans? **2** Bundle up. **3** Let's have a drink. **4** What a coincidence! **5** I already have plans. **6** We should catch up sometime. **7** Let's have a smoke. **8** You don't wanna know. **9** Can I bum a cigarette? **10** Help yourself. **11** Not that I know of. **12** My English sucks. **13** Make yourself at home. **14** Can I crash at your place? **15** Since when do you smoke?

DAY 021

You got the wrong number.

전화 잘못 거셨어요

잘못 걸려 온 전화를 받았을 때 하는 말입니다. You have the wrong number. 또는 You've got the wrong number.라고 해도 됩니다. 상대방이 찾는 사람이 본인이 맞을 때는 Speaking. 또는 This is he/she (speaking).이라고 합니다.

Man	Hello?
Woman	Do you think you can **sleep around** and **cheat on me**, you bastard?
Man	Well, I think you got—
Woman	Shut up! **Don't play dumb.**
Man	Excuse me. You got the—
Woman	**Don't ever** talk to me again. **Do I make myself clear?**
Man	You do, but **you got the wrong number.**
Woman	… Oh, no! I'm so sorry!

남자	여보세요?
여자	여자들이랑 자고 다니면서 바람을 피워도 된다고 생각했냐, 이 개자식아?
남자	저기, 그쪽이 뭘…
여자	닥쳐! 시치미 떼지 마.
남자	죄송한데요, 그쪽이 뭘…
여자	다시는 나한테 말 걸지 마. 똑똑히 알아들었냐?
남자	똑똑히 알아들었는데요, 전화 잘못 거셨습니다.
여자	… 어머나! 정말 죄송합니다!

sleep around 여러 사람과 자고 다닌다

남자든 여자든 깊은 관계가 아닌데 아무하고나 쉽게 자고 다니는 사람이 있죠. 영어로도 '돌아다니며 잔다'는 의미로 sleep around라고 표현합니다.

He's not serious about women. He sleeps around.
개는 여자와의 관계를 가볍게 생각하고 아무 여자랑 막 자고 다녀.

cheat on *somebody* (~ 몰래) 바람피우다

cheat은 '속이다'란 뜻인데요. 사랑하는 사람을 속이면 '바람피우다'가 되고, 교실에서 속이면 '커닝하다'가 됩니다. cheat on *somebody* 형태로 '(~ 몰래) 바람피우다'란 뜻으로 사용합니다. 그리고 cheat on *somebody1* with *somebody2*라고 하면 'somebody1을 두고 somebody2와 바람피우다'란 뜻이 됩니다.

Have you ever cheated on your wife? 아내를 두고 바람피운 적 있나요?
I never cheated on you. 나 절대 바람피우지 않았어.
I cheated on my history exam. 나 역사 시험에서 커닝했어.

Don't play dumb. 시치미 떼지 마

play dumb은 '바보인 척하다', 즉 '모르는 척하다'란 뜻이어서 Don't play dumb.이라고 하면 "시치미 떼지 마."란 말이 됩니다.

Don't ever ~ 다시는 ~하지 마

상대방에게 '~하지 마'라고 말할 때는 Don't go.나 Don't touch.처럼 동사 앞에 Don't를 사용하죠. 그런데 이것보다 더 강하게 '다시는 ~하지 마'라고 말할 때는 '절대', '두 번 다시'의 의미를 강조할 수 있는 ever를 써서 Don't ever ~라고 합니다.

Don't ever talk to me like that. 다시는 나한테 그렇게 말하지 마.
Don't ever do that again. 다시는 그러지 마.

Do I make myself clear? 내 말 확실히 알겠지?

상대방이 내 의사를 정확히 파악했는지 확인할 때 우리는 보통 "너 내 말 알아들었어?"라고 하지만, 영어로는 '명확한'이란 뜻의 단어 clear를 사용해서 "내가 내 의사를 명확히 했지?"라고 표현합니다.

I stayed up all night.

나 밤새웠어

be up all night과 stay up all night은 '밤새도록 깨어 있다'라는 의미여서 '밤새우다'란 말이 됩니다. 밤새도록 공부하거나, 일하거나, 놀았을 때 등 모든 상황에서 사용하고, all night 뒤에 무엇을 했는지 넣어서 말할 수 있습니다.

ex **I was up all night partying.** 나 밤새 파티했어.
Did you stay up all night? 너 밤새웠니?

Dad **You're up early.**

Daughter No, Dad. **I stayed up all night** sketching.

Dad You started working on a portrait for your mom?

Daughter Yeah. Please **keep it a secret from** Mom until Christmas.

Dad **My lips are sealed.**

Daughter Dad, can I borrow your paint brushes?

Dad **Be my guest.**

Daughter Thanks. I hope Mom will like my Christmas present.

아빠 일찍 일어났구나.

딸 아니에요, 아빠. 그림 그리느라 밤새웠어요.

아빠 엄마한테 줄 그림 시작한 거냐?

딸 네. 크리스마스 때까진 엄마한테 비밀로 해 주세요.

아빠 입에 자물쇠 채우마.

딸 아빠, 붓 좀 빌릴 수 있을까요?

아빠 갖다 쓰렴.

딸 고마워요. 엄마가 제 크리스마스 선물을 좋아했으면 좋겠는데.

You're up early. 일찍 일어났네

up은 '자지 않고 깨어 있는'이란 뜻이어서, 평소보다 일찍 일어나 있는 상대를 봤을 때 You're up early.라고 말할 수 있습니다. 반대 표현은 You're up late.입니다. 일어나 있는 '상태'가 아니라, 일어나는 '동작'에 중점을 두어 말할 때는 I woke up early.(나 일찍 일어났어.), He got up early.(그는 일찍 일어났다.)라고 하며 반대 표현은 I woke up late.(나 늦게 일어났어.), He got up late.(그는 늦게 일어났다.)입니다.

keep it a secret from ~ ~한테는 비밀로 해 줘, ~한테는 말하지 마

우리도 어떤 사실에 관해서 '~한테는 비밀로 해 줘'라고 말하는 것처럼 영어로도 똑같이 keep it a secret from ~이라고 표현합니다.

Keep it a secret from my wife. 내 아내에게는 말하지 말아 줘.

My lips are sealed. 입에 자물쇠 채웠어

seal은 '봉(인)하다'란 뜻으로 자신의 입이 봉인되었다는 말은 아무에게도 말하지 않겠다는 뜻입니다. 비슷한 표현으로 I won't tell anyone.과 I'll keep my mouth shut.이 있습니다.

Be my guest. 그렇게 해, 좋을 대로 해

"좋을 대로 해."라는 뜻으로, 주로 허락을 구하는 상대방에게 흔쾌히 그렇게 하라고 답할 때 사용합니다.

You wanna take a shot, be my guest. 네가 도전해 보고 싶다면, 해 봐.
If you like it so much, be my guest. 그게 그렇게 네 마음에 들면, 네가 가져.

DAY 023

I overslept.
나 늦잠 잤어

'(의도치 않은) 늦잠을 자다'는 oversleep이고, '(맘 놓고) 늦잠을 자다'는 sleep in인데요. 그래서 I overslept.라고 하면 "나 늦잠 잤어.", I slept in.이라고 하면 "나 늦게까지 잤어."란 말이 됩니다.

Man	Hello?
Woman	How's your first day at work going?
Man	What time is it? Oh, no! **I overslept!**
Woman	Were you still sleeping?
Man	**I'm totally screwed.**
Woman	Try to **sneak into** the office.
Man	**I'm a dead body.** I've got to go.
Woman	OK. **Move your ass.**

남자	여보세요?
여자	직장 첫날인데 어떻게 잘하고 있어?
남자	지금 몇 시야? 이런! 늦잠 자버렸네!
여자	여태 자고 있었던 거야?
남자	나 완전 망했다.
여자	사무실에 몰래 들어가도록 해 봐.
남자	난 이제 죽었다. 나 갈게.
여자	알았어. 빨리 움직여.

I'm totally screwed. 나 완전 망했다

be screwed (up)은 '망하다', '끝장나다', '큰일 나다'란 뜻으로 실수해서 일을 망쳤을 때 I'm totally screwed.란 말을 자주 씁니다. 그리고 screw (*something*) up은 '(~을) 망치다', '(~을) 엉망으로 만들다'란 뜻입니다.

I screwed up. 내가 다 망쳤어.
You screwed up my plan. 네가 내 계획을 망쳤어.
We got screwed. 우리 망했다.

---

sneak into ~ ~ 안으로 몰래 들어가다

sneak은 '몰래 살금살금 움직이다'란 뜻인데요. sneak into ~는 '~에 몰래 들어가다', sneak out of ~는 ~에서 몰래 빠져나오다'란 표현입니다.

She tried to sneak into my room. 그녀가 내 방에 몰래 들어오려고 했어.
I snuck out of the house. 집에서 몰래 빠져나왔어.

I'm a dead body. 난 이제 죽었다

사고를 쳤거나 잘못한 일이 발각되었을 때 "난 이제 죽었다."라고 하는데요. 영어로도 마찬가지로 I'm a dead body. 또는 I'm so dead.라고 합니다.

We're so dead when she finds out. 그녀가 아는 날엔 우리는 죽었다.

Move your ass. 빨리빨리 움직여

우리가 움직임이 둔한 사람에게 엉덩이가 무겁다고 하는 것처럼, 빨리 움직이라고 재촉할 때 Move your ass. 라는 표현을 씁니다. 정중한 표현은 아니니 가까운 사람에게만 쓰는 것이 좋습니다. 같은 의미로 Get a move on.이 있습니다.

DAY 024

I'm not feeling well.
나 몸이 별로 안 좋아

감기 기운이나 기타 다른 이유로 몸이 좋지 않을 때는 I'm not feeling well. 또는 I don't feel well.이라고 합니다.

ex **I don't feel very well today.** 오늘 몸이 별로 좋지 않아.
She's not feeling well. 걔가 몸이 별로 안 좋아.

Bill Joan, **let me take you out for dinner.**

Joan Thank you, but **I don't feel like** going out today.

Bill **What's up?**

Joan **I'm not feeling well.** I'm still in bed.

Bill Some of my coworkers are **sick in bed**, too.

Joan It's flu season, you know.

Bill Something's going around for sure. **Take good care of yourself.**

Joan OK. Don't let anybody give it to you.

빌 조앤, 나랑 나가서 저녁 먹자.

조앤 고맙지만, 오늘은 그럴 기분이 아니야.

빌 무슨 일 있어?

조앤 몸이 좀 안 좋네. 여태 누워 있는 중이야.

빌 내 직장 동료들 몇 명도 앓아 누웠던데.

조앤 독감 철이잖니.

빌 확실히 뭐가 돌긴 도나 보다. 몸조리 잘 해.

조앤 알았어. 너도 어디 가서 옮지 말고.

Let me take you out for dinner. 나가서 내가 저녁 살게

take *somebody* out은 누군가를 데리고 식당에 가서 음식을 사 주거나, 영화관에 가서 영화를 보여 주거나, 야구장에 가서 야구 경기를 보여 주는 등 어느 곳에 데려가 함께 좋은 시간을 보내는 것을 의미합니다. 아빠가 가족을 데려갈 수도 있고, 사장님이 직원들을 데려갈 수도 있고, 연인이 애인을 데려가서 데이트할 수도 있어요.

My dad took me out for lunch. 아빠가 점심 사 줬어.
I'm taking her out to the movies. 그녀와 영화 보러 갈 거야.

I don't feel like -ing ~가 내키지 않아

feel like -ing는 '~하고 싶다', '~이 당기다'란 뜻인데요. 긍정문보다 부정문으로 쓰일 때가 더 많습니다. 그래서 I don't feel like -ing라고 하면 '~하고 싶지 않아', '~할 기분이 아니야', '~은 당기지 않아'란 뜻이 됩니다.

I don't feel like cooking. 요리하고 싶지 않아.
I don't feel like celebrating. 축하할 기분이 아니야.

What's up? 웬일이야?, 무슨 일이야?

상대방에게 웬일인지, 무슨 일인지 묻는 표현이지만, 별 의미 없이 상투적인 인사 표현으로 쓰일 때도 많습니다.

A Hey, what's up? 야, 웬일이야?
B Not much. 별일 없어.

sick in bed 앓아눕다

sick in bed는 직역하면 아파서 침대에 있다는 뜻이니까 '아파서 드러누웠다'란 말이 됩니다.

I'm sick in bed. Can you get me some abalone porridge?
나 아파서 드러누웠어. 전복죽 좀 사다 줄 수 있어?

Take good care of yourself. 몸조리 잘 해, 잘 챙겨

take care of는 '돌보다', '보살피다' 등을 의미해요. 그래서 Take care of yourself.라고 하면 스스로를 돌보라는 말이니까 "몸 챙겨.", "몸 조심해."란 뜻이 됩니다. 이 표현에 좀 더 강조하는 의미로 good을 넣어 Take good care of her.(그녀를 잘 돌봐 줘.)처럼 쓸 수 있습니다.

She's gonna take care of you. 그녀가 널 돌봐 줄 거야.
I can take care of myself. 내 앞가림은 내가 해.

DAY 025

Don't mention it.

그런 말 마세요, 별말씀을

내게 고맙다고 인사하는 상대방에게 "그런 말 마세요.", "별 말씀을."이란 뜻으로 하는 말입니다. 비슷한 표현으로 You're welcome. It's nothing. You bet. Sure. 등이 있습니다.

Mary   Danny, will you **house-sit** for me for the weekend?

Danny   Are you **going on a trip**?

Mary   I'm taking my daughter to a BTS concert in L.A. She**'s** so **into** K-pop.

Danny   Oh, I **would kill for** BTS tickets. My daughter is crazy about them.

Mary   That's the age. But the concert is sold out.

Danny   Well, then. I'll **house-sit** for you.

Mary   Thank you so much.

Danny   **Don't mention it.**

메리   대니, 주말에 우리 집 좀 봐줄래?

대니   여행 가는 거야?

메리   딸 데리고 BTS 콘서트 보러 LA에 가려고. 걔가 케이 팝(K-pop)에 푹 빠졌거든.

대니   아, BTS 공연 티켓만 구할 수 있다면 뭐든 다 하겠다. 우리 딸도 걔네라면 환장하는데.

메리   한창 그럴 나이지. 근데 표가 완전 매진이야.

대니   그렇지 뭐. 내가 너희 집 봐줄게.

메리   정말 고마워.

대니   별말을 다 한다.

house-sit 집을 봐주다

'아기를 돌보는 것'을 babysit이라고 하고, '아기를 돌봐 주는 사람'을 babysitter라고 하죠. 보통 '앉다'란 뜻으로만 알고 있기 쉬운 sit에는 이렇게 사람, 동물, 장소 등을 '돌보다'란 뜻도 있어요. 그래서 남의 집을 봐준다고 할 때는 house-sit, 남의 개를 봐준다고 할 때는 dog-sit이라고 합니다.

Can you dog-sit for me? 내 개 좀 봐줄 수 있어?

go on a trip 여행을 가다

해외여행이나 국내여행 등의 '여행을 간다'고 할 때는 go on a trip이란 표현을 씁니다. 이처럼 go on은 '어떤 활동을 하러 가다'란 의미로 쓰이는데요. 다음과 같이 다양하게 쓸 수 있습니다. go on vacation(휴가를 가다), go on a cruise(크루즈 여행을 가다), go on a tour(투어를 가다), go on a hike(하이킹을 가다), go on a safari(사파리 투어를 가다)

I'm going on a business trip tomorrow. 나 내일 출장 가.
Let's go on vacation. 휴가 가자.

be into ~ ~에 푹 빠지다, ~에 관심 있다

be into ~는 '~에 관심 있다, (좋아하는 것에) 빠지다, 좋아하다'란 뜻인데요. 누군가에게 호감이 있다거나, 어떤 일에 관심과 흥미가 있다고 할 때, 그리고 어떤 사람이나 일, 취미 활동에 푹 빠져 있다고 말할 때도 씁니다.

I'm so into you. 나 너한테 푹 빠졌어.
I'm really into yoga these days. 나 요즘 요가에 푹 빠졌어.
He's not into you. 걔 너한테 관심 없어.
I'm not into that stuff. 나 그런 거에 흥미 없어.

would kill for *something* ~에 목숨 걸다, ~을 위해 뭐든 다 한다

무엇을 간절하게 원해서 그것을 얻기 위해서라면 뭐든 하겠다, 목숨이라도 걸겠다는 뜻으로 would kill for ~ 또는 could kill for ~라고 합니다. would kill to do ~ 형태로도 쓸 수 있습니다.

I would kill for this job. 이 일자리를 위해선 뭐든 다 할 수 있어.
I would kill for your skin. 당신 같은 피부라면 소원이 없겠어요.
I could kill for a beer right now. 지금 맥주 마시고 싶어 죽겠어.
A million girls would kill to see him. 수많은 여자들이 그가 보고 싶어 안달이야.

1 전화 잘못 거셨어요. (you got)

2 시치미 떼지 마. (dumb)

3 내 말 확실히 알겠지? (clear)

4 나 밤새웠어. (stay up)

5 너 일찍 일어났네. (up)

6 입에 자물쇠 채웠어. (seal)

7 그렇게 해. (guest)

8 나 늦잠 잤어. (oversleep)

9 나 완전 망했다. (screwed)

10 빨리빨리 움직여. (ass)

11 몸이 별로 안 좋아. (feel)

12 나가서 내가 저녁 살게. (take ~ out)

13 나 아파서 드러누웠어. (in bed)

14 그런 말 마세요. (mention)

15 나 너한테 푹 빠졌어. (be into)

정답 **1** You got the wrong number. **2** Don't play dumb. **3** Do I make myself clear? **4** I stayed up all night. **5** You're up early. **6** My lips are sealed. **7** Be my guest. **8** I overslept. **9** I'm totally screwed. **10** Move your ass. **11** I'm not feeling well. **12** Let me take you out for dinner. **13** I'm sick in bed. **14** Don't mention it. **15** I'm so into you.

My pleasure.
천만에요, 기꺼이 할게, 만나서 반가워요

My pleasure.는 여러 상황에서 다양한 의미로 쓰이는데요. 고맙다고 말하는 상대방에게 대답으로 쓰면 "천만에요.", "(도움이 되어/마음에 든다니/함께하게 되어) 나도 기뻐."란 뜻이 되고, 뭔가를 요청하는 상대방에게 대답으로 쓰면 "기꺼이 할게."란 의미가 되고, 처음 만난 사람에게 인사 표현으로 쓰면 "만나서 반가워요.", "만나게 되어 저도 기뻐요."란 뜻이 됩니다.

Tom	I've had so much fun today.
Nancy	**Are you staying for dinner?**
Tom	Oh, no. **I'm still stuffed** from lunch. I should go now.
Nancy	You can stay longer if you want.
Tom	No, it's OK. Thank you for having me today.
Nancy	**My pleasure. I'll see you out.**
Tom	Thanks. Well, you have a great evening, Nancy.
Nancy	**You, too**, Tom.

톰	오늘 진짜 재밌었어.
낸시	저녁 먹고 가니?
톰	아우, 아니. 점심 먹은 게 아직도 배불러. 이제 가 봐야지.
낸시	있고 싶으면 더 있어도 돼.
톰	아니야, 괜찮아. 오늘 초대해 줘서 고마워.
낸시	천만에. 문 밖까지 같이 나가 줄게.
톰	고마워. 그럼 저녁 시간 잘 보내, 낸시.
낸시	톰 너도.

Are you staying for dinner? 저녁 먹고 가니?

독립한 자녀가 오랜만에 집에 왔거나, 친구가 집에 방문했을 때 식사하고 가라고 권하게 되죠. 이때 쓸 수 있는 표현이 바로 stay for ~입니다. for 뒤에 dinner나 lunch와 같이 구체적인 끼니를 뜻하는 단어나, weekend 처럼 특정 기간을 나타내는 단어를 쓸 수도 있습니다

Are you staying for lunch? 점심 먹고 가니?
Why don't you stay for dinner? 저녁 먹고 가는 게 어때?
Why not stay for the weekend? 주말 동안 있다 가는 게 어때?

I'm still stuffed. 아직도 배불러

stuff는 동사로 '채워 넣다'는 뜻으로 솜을 채워 만든 '봉제 인형'을 stuffed animal이라고 합니다. 그리고 구어 체에서 stuffed는 '(더 먹을 수 없을 정도로) 배가 꽉 찬', '배가 너무 부른'이란 뜻이어서 I'm stuffed.라고 하면 "배가 너무 불러."란 뜻이 됩니다. 같은 의미로 I'm full.이 있습니다.

I'll see you out. 현관까지 같이 갈게

손님이 집에 갈 때는 보통 현관까지 같이 나가 배웅을 하죠. 이것을 영어로는 see *somebody* out '~가 나가 는 것을 보다'라고 표현합니다. 그래서 I'll see you out.이라고 하면 "현관까지 같이 갈게.", "현관까지 배웅 해 줄게."라는 말이 됩니다. 그리고 방문객이 괜찮다며 혼자서 나가겠다고 할 때는 I'll see myself out.이라 고 합니다.

Don't get up. I'll see myself out. 일어나지 마. 나 혼자 나갈게.

You, too. 너도, 나도

You, too.는 상황에 따라 "나도."란 뜻도 되고 "너도."란 뜻도 되는데요. 상대방이 Glad to meet you.(만나 서 반가워.)라고 했을 때는 "나도."란 의미로 You, too.라고 합니다. 여기서 You, too.는 Glad to meet you, too.(나도 만나서 반가워.)의 줄임말이거든요. 만약 여기서 Me too.라고 말하면 나도 나를 만나서 반가웠다는 말이 되어 버립니다. You look terrific.(너 멋지다.)에 대한 답으로 You, too.라고 한다면 이것은 You look terrific, too.(너도 멋져.)의 준말로 "너도."란 뜻이 됩니다.
그럼 Me too.는 도대체 언제 쓸까요? 상대방이 I have to pee.(나 오줌 마려워.)라고 했을 때 "나도."라고 말하 고 싶다면 이럴 때 Me too.라고 하면 됩니다.

A It was nice talking to you. 대화 즐거웠어.
B You, too. 나도.

DAY 027

My bad.
내 잘못이야

내 잘못이나 실수를 인정할 때 My bad.라고 하는데요. 직접적으로 사과한 것은 아니지만 그 안에 미안하다는 뜻이 내포되어 있습니다. It's my bad. 또는 That's my bad.를 짧게 My bad.라고 합니다. 상황에 따라 "내 잘못이야.", "앗, 실수!" 등의 의미가 됩니다.

Colin	Judy, **guess what.** I got a teaching position at UCLA.
Judy	What? How? Did you **pull some strings**?
Colin	Hey, how can you say that?
Judy	Sorry. **My bad.** It's just hard to believe.
Colin	It's what I've always wanted. This is it!
Judy	**Congrats! I'll get the word out.**
Colin	Hey, **look me up when you're in town**, OK?
Judy	I will.

콜린	주디, 놀라지 마. 나 UCLA에 교수직 얻었어.
주디	뭐? 어떻게? 빽이라도 쓴 거야?
콜린	야, 어떻게 그런 말을 하니?
주디	미안. 내가 잘못했어. 믿기지가 않아서 말이야.
콜린	내가 늘 원했던 거야. 바로 이거라고!
주디	축하해! 내가 소문 내 줄게.
콜린	야, 여기 올 일 있으면 꼭 연락하고, 알았지?
주디	그럴게.

Guess what! 있잖아, 그거 알아?, 맞혀 봐

상대방은 아직 모르고 있는 흥미롭거나 놀라운 얘기를 하려고 "야, 있잖아.", "너 그거 아냐?" 이렇게 추임새를 넣을 때 Guess what!이라고 합니다. 좀 더 차분하게 일반적인 얘기를 시작할 때는You know what?이라고 합니다.

pull some strings 빽을 쓰다

우리는 몰래 인맥을 동원해서 특혜를 받을 때 속된 말로 '빽을 쓰다'라고 말하죠. 영어로는 pull strings라고 합니다. 보통 pull some strings 또는 pull a few strings 형태로 '힘 좀 쓰다'란 뜻으로 쓰여요. 그래서 I pulled some strings.는 "내가 힘 좀 썼어.", "내가 빽 좀 썼어."란 뜻이에요. 그리고 I could probably pull some strings. 또는 I may be able to pull a few strings.라고 하면 "내가 힘 좀 쓸 수도 있어."라는 말이 됩니다.

Congrats! 축하해!

축하한다고 할 때 Congratulations!라는 표현을 사용하죠. 이때 단어 끝의 s를 빠트리지 않도록 주의해야 해요. 그리고 이를 줄여서 짧게 Congrats!라고도 많이 합니다. 결혼이나 승진 등의 경사를 축하하는 경우에는 Congrats on ~ 구문을 씁니다.

Congrats on your marriage. 결혼 축하해.

I'll get the word out. 내가 소문 내 줄게

get the word out은 '어떤 소식이나 얘기를 여러 사람들에게 많이 알리다'란 뜻인데요. 그래서 Get the word out.이라고 하면 "많이 소문 내."란 말이 됩니다.

I'm having a party this Saturday. Get the word out. 나 이번 토요일에 파티 해. 소문 많이 내.

Look me up when you're in town. 이곳에 오면 꼭 연락해

look me up은 상대방이 내가 사는 지역에 오게 되면 날 보러 오라는 뜻인데요. 여행하면서 친해진 친구와 헤어질 때, 유학을 마치고 정든 사람들과 작별하고 한국으로 돌아올 때 등 정든 사람과 헤어지게 될 때 자주 사용하는 표현입니다.

Look me up next time you're in Seattle. 다음에 시애틀에 오면 날 보러 와.
Don't forget to look me up when you come to Seoul. 서울에 오면 날 보러 오는 것 잊지 마.
I'm so glad you looked me up. 날 보러 와 줘서 정말 기뻐.

I'm flattered.
과찬이세요, 영광입니다

상대방으로부터 칭찬을 듣거나 과분한 제안을 받았을 때의 기쁨을 표현하는 말입니다. 풀어서 해석하면 "(칭찬을 들으니/좋게 봐 주셔서/청해 주셔서) 기분 좋네요."란 뜻이 됩니다. 상황에 따라 "과찬이세요.", "영광입니다." 등을 의미하기도 합니다.

Boss	Avery, I'm promoting you to manager.
Avery	**No way!** Is this for real?
Boss	I've never seen anyone work as hard as you. **You deserve it.**
Avery	**I'm flattered.** But I've got a lot to learn.
Boss	Don't worry. **You will make a good manager.**
Avery	I'll do my best.
Boss	Let's have a small party today. **How does that sound?**
Avery	Sounds wonderful! **You made my day!**

상사	에이버리, 자네를 매니저로 승진시키기로 했네.
에이버리	설마요! 정말로요?
상사	자네처럼 열심히 일하는 사람을 본 적이 없네. 자네는 승진할 자격이 있어.
에이버리	과찬이십니다. 그래도 아직 배울 게 많은데요.
상사	걱정 말게. 자네는 아주 좋은 매니저가 될 거야.
에이버리	최선을 다하겠습니다.
상사	오늘 조촐하게 파티나 하지. 어떤가?
에이버리	좋죠! 덕분에 오늘 기분 최고인데요!

No way! 말도 안 돼!, 설마!

어떤 일에 대해 깜짝 놀라거나 그 일이 믿기지 않을 때 "말도 안 돼!"라는 의미로 사용하기도 하고, 강한 부정으로 "절대 아니야.", "절대 안 돼!"라는 의미로도 사용합니다.

A This bike is 10 million won. 이 자전거 천만 원이야.
B No way! It's more expensive than my car. 말도 안 돼! 내 차보다 더 비싸네.

A Can I borrow your car? 네 차 좀 빌릴 수 있을까?
B No way! Think about the cars you've totaled. 절대 안 돼! 네가 박살 낸 차들을 생각해 봐.

You deserve it. 넌 그럴 자격이 있어

deserve (to do) *something*은 좋은 일에 대해서는 '~를 누릴 자격이 있다, ~을 받을 만하다'라는 의미가 되고, 나쁜 일에 대해서는 '~해도 싸다, ~하는 것이 마땅하다'는 의미가 됩니다.

You've been working so hard. You deserve to have some fun.
너 너무 열심히 일했어. 넌 좀 즐겨도 돼.

She lied to everyone. She deserves it. 모두에게 거짓말을 했으니 걘 당해도 싸.

You'll make a good manager. 넌 좋은 매니저가 될 거야

"넌 좋은 선생님이 될 거야.", "그는 좋은 아빠가 될 거야." 이렇게 사람의 좋은 자질을 인정할 때 우리는 '장차 어떻게 될 것이다'라고 말하지만, 영어로는 '만들 것이다'라고 표현합니다. '주어 + will make a good/great ~' 구문을 활용하면 돼요.

She'll make a great mom. 그녀는 아주 좋은 엄마가 될 거야.

How does that sound? 어때?

자신의 제안이나 계획을 상대방이 어떻게 생각하는지 물어볼 때 "어때?", "어떤 것 같아?"란 의미로 How does that sound? 또는 How does that sound to you?라고 합니다.

You made my day. 덕분에 오늘 기분 최고예요

상대방이 한 행동이나 말 덕분에 기분이 아주 좋아졌을 때 You made my day. 또는 You just made my day. 라고 합니다. 아주 웃긴 장면을 봤거나 재미있는 경험을 했을 때 It/That made my day.라고 말하기도 합니다.

DAY 029

You shouldn't have.

안 그래도 되는데, 뭘 이런 것까지

선물을 받았을 때 예의를 갖춰 고마움을 표현하는 말입니다. shouldn't have p.p.는 '~을 안 했어야 하는데'란 뜻이어서 You shouldn't have.라고 하면 "안 그래도 되는데.", "뭘 이런 것까지."란 말이 됩니다.

Man	Wow! What's all this?
Woman	I brought lasagna and salad. It should **last for** a couple days.
Man	**You shouldn't have.**
Woman	How's your arm?
Man	It's healing **slowly but surely**.
Woman	I can **help you with** food until your cast is removed.
Man	**I can't thank you enough.**
Woman	**Think nothing of it.**

남자 왜! 이게 다 뭐야?

여자 라자냐랑 샐러드 좀 가져왔어. 한 이틀 동안은 먹을 수 있을 거야.

남자 안 그래도 되는데.

여자 팔은 좀 어때?

남자 시간이 걸려서 그렇지만 낫긴 낫고 있어.

여자 깁스 풀 때까지 음식은 내가 조달해 줄게.

남자 너무 고마워서 어쩌지.

여자 그런 말 마.

last for ~ ~ 동안 지속되다, 유효하다

"기름을 가득 채우면 일주일은 간다.", "30개 들이 화장지를 사면 두 달은 쓴다."처럼 효력이나 사용 가능한 기간이 어느 정도 지속되는지를 말할 때 'last for + 기간'으로 표현합니다.

One gallon of milk lasts for three days. 1갤런짜리 우유를 사면 3일 가.

slowly but surely 느리지만 확실하게

느리긴 하지만 확실히 목표를 향해 가고 있다고 하거나, 일이 천천히 그러나 꾸준히 진행되고 있는 상황을 표현할 때 slowly but surely라고 합니다.

My English is getting better slowly but surely. 느리기는 하지만 확실히 영어가 늘고 있기는 해.

help you with ~ ~하는 것을 도와주다

누가 뭘 하는 것을 도와준다고 할 때 help *somebody* with ~ 형태로 말하는데요. with 다음에 구체적으로 무엇을 도와주는지를 말하면 됩니다.

Can you help me out with cleaning the house? 집 청소하는 것 좀 도와줄래?

I can't thank you enough. 어떻게 감사드려야 할지 모르겠어요

너무나 고마워서 Thank you so much.로는 부족할 때 I can't thank you enough.라고 할 수 있습니다. 고마운 마음을 표현할 길이 없다는 의미죠. 비슷한 표현으로 How can I ever possibly thank you?와 I can't describe how thankful I am. 등이 있습니다.

Think nothing of it. 별거 아니에요, 신경 쓰지 마세요

고마워하거나 미안해하는 상대방에게 "아무것도 아니에요.", "별거 아니에요."란 의미로 정중하게 답하는 표현입니다. 같은 의미로 It was nothing.이라고 해도 됩니다.

DAY 030

Good for you.

잘됐다

상대방에게 좋은 일이 생겼거나 원하던 것을 이루었을 때 "잘됐다.", "좋겠다." 등의 의미로 Good for you.라고 합니다. 꼭 거창한 일이 아니어도 상대방이 기뻐하는 일에 대해 쓰면 됩니다. 비슷한 의미로 I'm happy for you.가 있습니다.

Woman   Mr. Bong?

Mr. Bong   Do I know you?

Woman   I was an extra in your movie **back when I was** an actress.

Mr. Bong   I see. **What do you do** now?

Woman   I'm a make-up artist for actors.

Mr. Bong   Good for you.

Woman   By the way, **you haven't changed a bit.**

Mr. Bong   Thank you. Making movies **keeps me young.**

여자   봉 선생님?

봉 선생   저를 아시나요?

여자   예전에 배우하던 시절에 선생님 영화에 단역으로 출연한 적이 있어요.

봉 선생   그렇군요. 지금은 무슨 일을 하시나요?

여자   배우들 메이크업을 해 주고 있어요.

봉 선생   잘됐네요.

여자   그나저나 선생님 하나도 안 변하셨어요.

봉 선생   감사합니다. 영화 만드는 일을 하다 보니 젊게 사는 것 같아요.

Do I know you? 저 아세요?, 제가 아는 분인가요?

우리는 모르는 사람이 나에게 아는 척을 하거나 말을 걸면 "저 아세요?"라고 하지만 영어로는 Do I know you?(제가 당신을 아나요?)라고 말합니다. 그리고 어디선가 본 듯한 사람이 있을 때는 먼저 다가가서 "제가 아는 분 아닌가요?"란 의미로 Don't I know you?라고 묻기도 합니다.

back when I was ~ 내가 ~였을 때

어렸을 때, 학생이었을 때… 이렇게 어린 시절이나 예전에 어떤 일을 하던 때를 떠올리며 말할 때 back when *somebody* was ~라는 구문을 이용해서 말할 수 있습니다.

Girls were crazy for him back when he was a high school kid.
걔가 고등학교 다닐 때는 여자들한테 인기 짱이었다니까.

What do you do? 무슨 일 하세요?

상대방의 직업을 물어볼 때는 What do you do for a living? 또는 이를 줄여서 그냥 What do you do?라고 합니다. 처음 만난 사람에게 직업을 묻는 일은 실례가 될 수도 있으니 대화 흐름에 맞게 자연스럽게 물어보는 것이 좋습니다.

You haven't changed a bit. 너 하나도 안 변했다

오랜만에 만난 사람이 예전 모습 그대로이거나 여전히 젊어 보일 때는 You haven't changed a bit. 또는 You haven't changed at all.이라고 합니다. 간혹 상대방이 예전의 나쁜 버릇을 여전히 버리지 못하고 있을 때 이를 비꼬아서 말할 때 쓰기도 합니다. 제3자에 대해서 "그 사람 예전 그대로더라."고 할 때는 주어만 바꿔 쓰면 됩니다.

I saw Mike the other day. He hasn't changed at all.
며칠 전에 마이크를 봤는데 걔 하나도 안 변했더라.

~ keep me young ~ 덕에 젊게 산다

"내가 손녀 덕에 젊게 산다.", "운동 덕에 젊게 산다."처럼 내게 활기를 주는 무엇이나 혹은 누구 때문에 젊게 산다고 할 때는 ~ keep me young이라고 합니다. 만약 다른 사람에 대해서 말하는 거라면 주어만 바꾸면 돼요.

Hanging out with young people keeps her young.
그분은 젊은 사람들하고 어울리니까 늘 젊게 사시지.

1 천만에요. (my)

2 너 저녁 먹고 갈 거지? (stay)

3 현관까지 같이 나갈게. (see ~ out)

4 내 잘못이야. (my)

5 내가 빽 좀 썼어. (some strings)

6 소문 많이 내. (word out)

7 이곳에 오면 연락해. (in town)

8 과찬이세요. (I'm)

9 넌 그럴 자격이 있어. (deserve)

10 덕분에 오늘 기분 최고예요. (my day)

11 안 그래도 되는데. (should)

12 어떻게 감사드려야 할지 모르겠어요. (enough)

13 잘됐다. (good)

14 무슨 일 하세요? (do)

15 너 하나도 안 변했네. (a bit)

정답 **1** My pleasure. **2** Are you staying for dinner? **3** I'll see you out. **4** My bad. **5** I pulled some strings. **6** Get the word out. **7** Look me up when you're in town. **8** I'm flattered. **9** You deserve it. **10** You made my day. **11** You shouldn't have. **12** I can't thank you enough. **13** Good for you. **14** What do you do? **15** You haven't changed a bit.

What do you think?
어떻게 생각해?, 네 생각은 어때?

상대방에게 무엇을 보여 주거나 어떤 얘기를 들려 주며 그것에 대해 어떻게 생각하는지 의견을 묻는 표현입니다. What do you think?라고 현재형으로 물으면 의견을 묻는 질문이 되지만, 만약 현재진행형으로 What are you thinking about?이라고 하게 되면 상대방이 무슨 생각을 하고 있는지 묻는 말이 되니 주의하세요.

Man	I thought Mike and Christine liked each other at first sight.
Woman	I know. I picked up good **vibes**.
Man	I did, too.
Woman	Maybe they'll get married. **What do you think?**
Man	They just met. **Don't get ahead of yourself.**
Woman	If they do, they should **show** us some **gratitude**.
Man	Don't expect anything like that.
Woman	Why not? We're the ones who **hooked them up**.

남자	마이크랑 크리스틴이 첫눈에 서로 마음에 든 눈치던데.
여자	그러게. 분위기 좋던데.
남자	나도 그런 것 같더라.
여자	어쩌면 둘이 결혼할지도 모르겠는걸. 어떻게 생각해?
남자	둘이 지금 막 만났어. 김칫국부터 마시지 마.
여자	만약 결혼한다면 우리한테 감사 표시 정도는 하겠지.
남자	그런 것 좀 바라지 말고.
여자	왜? 우리가 소개해 준 건데.

vibe 느낌, 기운, 분위기

"이 가게 느낌 좋다.", "그 사람 느낌이 안 좋아."처럼 사람, 장소, 상황, 음악 등 무엇으로부터 느껴지는 '느낌, 기운, 분위기' 등을 표현할 때 vibe란 단어를 사용합니다. 보통 *somebody/something* has a ~ vibe나 get a ~ vibe로 표현하는데요. good vibe, bad vibe, great vibe, chill vibe, weird vibe 등 다양한 느낌과 분위기를 표현할 수 있습니다.

This place has a good vibe. 여기 느낌 좋다.
I get a bad vibe from him. 걔 느낌이 안 좋아.

Don't get ahead of yourself. 너무 앞서가지 마, 김칫국 마시지 마

어떤 일이 미처 일어나기도 전에 지레짐작하거나 기대하는 것을 get ahead of oneself라고 하는데요. 그래서 Don't get ahead of yourself.라고 하면 "너무 앞서가지 마." 또는 "김칫국부터 마시지 마."란 뜻이 됩니다.

Aren't you getting ahead of yourself? 너 너무 앞서가는 거 아냐?
I don't want you to get ahead of yourself. 너무 앞서가지 않았으면 좋겠어.

show gratitude 성의를 보이다

우리말에 '성의를 보이다'란 말이 있죠. 고마움에 대한 답례를 한다는 뜻인데요. 영어로는 '감사'란 뜻의 gratitude를 이용해서 show gratitude 또는 express gratitude라고 합니다.

I'd like to express my gratitude to everyone. 모든 분들에게 제 성의를 표하고 싶어요.

hook *somebody/something* up ~를 소개해 주다/연결하다

hook up은 상황에 따라 '이성이 연결되다', '하룻밤 같이 자다'란 뜻으로도 쓰고, hook *somebody/something* up은 '이성을 연결해 주다', '딜러나 업자 등을 소개해 주다', '기계를 연결하다'란 의미로 사용합니다.

Can you hook me up with Liliana? 릴리아나 좀 소개시켜 줄래?
Didn't you say you know a reliable real estate agent? Can you hook me up with him? 네가 믿을 만한 부동산 중개인을 알고 있다고 하지 않았나? 그 사람 나 좀 소개시켜 줄 수 있어?
Ellen hooked up with a man at the party last night. 엘렌이 어젯밤 파티에서 만난 남자랑 잤대.

What are you thinking about?

무슨 생각 하니?

뭔가 골똘히 생각에 잠겨 있는 사람에게 무슨 생각을 하고 있는지 물을 때 What are you think about?이라고 합니다. 상대방이 제대로 정신을 차리고 있지 않아서 "너 도대체 무슨 생각하는 거야?", "너 생각이 있는 애니?"라고 꾸짖을 때는 What are you thinking? 또는 What were you thinking?이라고 합니다. 앞서 배웠던 의견을 묻는 표현인 What do you think?와는 달리 어떤 생각을 하고 있는지 물을 때는 What are you thinking about?처럼 진행형을 쓴다는 점을 꼭 기억하세요.

Man	**Which one should I go for?** Green or blue?
Woman	…….
Man	Hey, **what are you thinking about?** Are you thinking about Logan?
Woman	No! I'm not.
Man	I know you **have feelings for** him.
Woman	Well… I do, but I wasn't thinking about him.
Man	**You can't fool me. I can see it in your eyes.**
Woman	Come on. **Stop teasing me.**

남자	어떤 걸로 할까? 초록색, 아니면 파란색?
여자	…….
남자	야, 너 무슨 생각 해? 로건 생각하는 거야?
여자	아니! 아니거든.
남자	네가 로건한테 마음 있는 거 알아.
여자	뭐… 그렇긴 하지만, 로건 생각을 한 건 아니야.
남자	너, 나는 못 속인다. 네 눈을 보면 다 안다고.
여자	야 좀. 그만 좀 놀려라.

Which one should I go for? 어떤 걸로 할까?

여기에서 go for *something*은 'something으로 결정하다'란 뜻으로 식당에서 음식을 주문하거나, 가게에서 물건을 고를 때 등 뭔가를 정해야 할 때 사용합니다.

I think I'll go for the Caesar salad. 나는 시저 샐러드로 할래.
I'll go for blue. 파란색으로 할래.

have feelings for ~ ~에게 마음이 있다

have feelings for *somebody*를 직역하면 '~에 대해서 감정을 가지고 있다'인데요. 여기서 감정은 이성을 좋아하는 감정을 말합니다. 그래서 '~에게 마음이 있다', '~를 좋아하다'란 의미로 사용합니다.

I know you have strong feelings for me. 네가 날 엄청 좋아한다는 거 알아.
I don't have feelings for you. 나 너한테 마음 없어.
I still have feelings for her. 나 아직도 걔한테 마음이 있어.

You can't fool me. 넌 날 못 속여

fool이 명사로는 '바보, 멍청이'라는 뜻이지만, 동사로는 '속이다'라는 뜻으로 구어체에서 많이 사용됩니다.

Don't be fooled by appearances. 겉모습에 속지 마.
She totally had me fooled. 그녀가 날 완전히 속였어.
You almost had me fooled. 하마터면 속을 뻔했네.
You could have fooled me! 내가 그 말에 속을 것 같니!

I can see it in your eyes. 네 눈을 보면 알아

상대방의 눈빛만 보고도 그 사람의 생각이나 기분이 짐작이 갈 때 쓰는 표현입니다. I saw it in your eyes.라고 하면 "네 눈을 보고 알았어."란 말이 됩니다.

Stop teasing me. 그만 놀려

tease는 '놀리다'란 뜻인데요. 장모음(ea)에 주의해서 [티이~즈]라고 길게 발음해야 합니다. tease가 장난으로 놀리는 경우에 쓴다면 make fun of는 상대방을 웃음거리로 만들기 위해 놀리거나 조롱하는 경우에 주로 씁니다.

You always tease me. 넌 항상 날 놀리더라.

DAY 033

Don't even think about it.

꿈도 꾸지 마

상대방이 당치도 않은 일을 하려고 하거나 그런 기미가 보일 때 미리 못하게 엄포를 놓는 표현입니다. 직역하면 "그건 생각도 하지 마."니까 "꿈도 꾸지 마."란 의미가 됩니다. 더 짧게 Don't even think.라고 해도 됩니다. 그리고 Don't even think about –ing 형태로 '~할 생각은 하지도 마'란 의미로 쓸 수 있습니다.

ex Don't even think about reading my journal. 내 일기 읽을 생각은 하지도 마.
Don't even think about not going. 안 갈 생각은 하지도 마.

Bill   Nora, **what is she like?**

Nora   She's calm, nice, pretty… Wait. What is this all about, Bill?

Bill   To be honest with you, I **have a thing for** her.

Nora   Too bad. **She's taken.**

Bill   **Just because** she has a boyfriend **doesn't mean** I can't try.

Nora   Her boyfriend might be mad if you **hit on** her.

Bill   **I'll take my chances.**

Nora   **Don't even think about it.**

빌   노라, 걔 어떤 애야?

노라   차분하고, 착하고, 예쁘고…. 잠깐만. 빌, 그걸 대체 왜 물어보는 건데?

빌   솔직히 말하자면, 나 걔한테 마음 있거든.

노라   안 됐지만 걔 임자 있어.

빌   남자 친구 있다고 해서 시도도 못 해 보는 건 아니잖아.

노라   네가 걔한테 작업 걸면 걔 남자 친구가 열 받을 텐데.

빌   그래도 한번 해 보지, 뭐.

노라   꿈도 꾸지 마셔.

What is she like? 그녀는 어떤 사람이야?

친구의 새 남자 친구는 어떤 사람인지, 친구의 고향은 어떤 곳인지 등 somebody나 something이 어떤지 물어볼 때는 What is *somebody/something* like?라고 합니다. '~는 어떤 사람이야?', '~은 어떤 느낌이야?'란 뜻입니다.

What is Korea like? 한국은 어떤 곳이야?
What was your father like? 아버지는 어떤 분이셨어?

have a thing for ~ ~를 특별히 좋아해, ~에게 마음이 있다

have a thing for ~ 또는 have got a thing for ~라고도 하는데, 이것의 기본 의미는 '~에 특별한 감정을 가지고 있다'입니다. I've got a thing for brunettes.(나 갈색 머리 여자를 특별히 좋아해.), I have a thing for shoes.(나 신발을 특별히 좋아해.)처럼 '~을 특별히 좋아하다'란 뜻으로도 쓰고, I've always had a thing for you.(나 항상 너한테 마음이 있었어.), She has a thing for Tony.(걔 토니한테 마음 있어.)처럼 '~에게 좋아하는 마음이 있다'는 뜻으로도 사용합니다.

She's taken. 걔 임자 있어

애인이 있는 사람을 가리켜 '임자 있는 사람'이라고 하잖아요. 영어로는 이미 누가 '맡았다, 취했다'는 뜻으로 be taken으로 표현합니다. 사람이 아닌 경우에도 "이 자리는 누군가 맡았다.", "이 물건은 주인이 있다."라고 할 때도 씁니다. 같은 의미인 be spoken for 역시 사람과 물건 모두에 사용합니다.

This seat is taken. 이 자리 임자 있어요.
He is already spoken for. 그는 이미 임자 있어.

Just because ~ (it) doesn't mean ~ 단지 ~라고 해서 ~하는 건 아니다

"네가 싫어한다고 해서 다른 사람들도 싫어하는 건 아니야."처럼 무엇이 그렇다고 하더라도, 다른 무엇까지 그런 것은 아니라고 할 때 쓰는 표현입니다.

Just because I lied to you, it doesn't mean I didn't love you.
너한테 거짓말했다고 해서, 널 사랑하지 않았다는 건 아니야.

I'll take my chances. 운에 맡기고 해 보지, 뭐

결과가 안 좋을 수도 있지만 이를 무릅쓰고 무엇을 시도할 때 쓰는 표현입니다. 결과가 어떻게 되든 자신의 운에 맡기고 해 보겠다는 뜻입니다. 특히 상대방이 무엇을 못 하게 말리는 상황에서 자신은 그럼에도 불구하고 시도해 보겠다고 할 때 이 표현을 많이 씁니다. '위험을 감수하겠다'는 뜻으로 I'll take the risk.라고 할 수도 있습니다.

DAY 034

Who would've thought?
누가 생각이나 했겠어?

서로 으르렁거리는 두 사람이 실은 사귀고 있었다거나, 누가 봐도 착실하고 건실하던 사람이 사기를 쳤다거나, 이렇게 아무도 예상치 못했던 일이 일어났을 때 "누가 생각이나 했겠어?", "누가 알았겠어?"란 뜻으로 하는 말입니다. Who would've thought ~?(~를 누가 생각이나 했겠어?) 형태로 활용할 수도 있습니다.

ex **Who would've thought it?** 누가 그걸 예상이나 했겠어?

Who would've thought she'd do something like that?
걔가 그런 짓을 할지 누가 알았겠어?

Who would've thought we'd spend Christmas together?
우리가 크리스마스를 함께 보내게 될 거라고 누가 생각이나 했겠어?

Landon   Melissa? Oh, my gosh! It's you!

Melissa   Landon! **What a small world!**

Landon   It is. **What are the odds?**

Melissa   I know. Are you traveling, too?

Landon   Yeah. **Are you having fun?**

Melissa   I was until I lost my passport.

Landon   **What a shame!**

Melissa   I know. **Who would've thought?**

랜던 멜리사? 세상에! 너로구나!

멜리사 랜던! 세상 참 좁다!

랜던 그러게. 세상에 이런 일이!

멜리사 그러니까. 너도 여행 중인 거야?

랜던 응. 여행은 재미있고?

멜리사 여권 잃어버리기 전까지는 재미있었지.

랜던 안됐다!

멜리사 그러게나 말이다. 이럴 줄 누가 알았겠니?

What a small world! 세상 참 좁다!

오랫동안 못 본 친구나 지인을 뜻밖의 장소에서 우연히 만났을 때, 아는 사람이 알고 봤더니 같은 동네에 살고 있을 때, 내가 아는 사람을 내 친구도 알고 있을 때 등 이런 상황에서 우리는 "세상 참 좁다."고 말하죠. 바로 이에 해당하는 표현이 What a small world!예요. It's a small world.라고도 하고 더 간단하게 Small world.라고 말하기도 합니다.

What are the odds? 세상에 이런 일이!, 이런 우연이!

the odds는 '가능성'이란 뜻으로 What are the odds of ~?라고 질문하면 '~할 가능성이 얼마나 돼?'란 말이 됩니다. 그리고 관용적으로 많이 쓰이는 What are the odds?는 일어나기 힘든 일이 생겼을 때 놀라움을 나타내는 표현으로 "세상에 이런 일이!"란 의미입니다.

Are you having fun? 재미있어?, 즐거운 시간 보내고 있어?

외국인들은 파티나 축제 등 노는 장소에 가면 그곳에서 재밌게 즐기고 있는지를 자주 묻곤 하는데요. 이때 쓰는 말이 Are you having fun?입니다. 줄여서 Having fun?이나 Having fun yet?이라고도 하며 Are we having fun?이라고 말하기도 합니다. 그리고 "재밌게 놀아."라고 할 때는 Have fun.이라고 합니다. 비슷한 표현으로는 Are you having a good time? 또는 Are you enjoying yourself? 등이 있습니다.

What a shame. 유감이다, 속상하겠다

기대했던 여행이 취소되었다거나, 좋아하는 가수가 밴드에서 탈퇴했다는 소식 등 아쉽거나 안타까운 얘기를 들었을 때 It's a shame. 또는 What a shame.이라고 합니다. 아주 큰일이 아니어도 아쉽게 생각하는 일에 대해 말할 때 쓸 수 있습니다.

A The project was canceled because of budget cuts.
   그 프로젝트는 예산 삭감으로 취소됐어.

B What a shame. 안타깝다.

It's a shame you can't come. 네가 못 온다니 아쉽다.

Look on the bright side.
긍정적으로 생각해

좋지 않은 상황에 속상해 하거나 슬퍼하는 상대방에게 긍정적으로 생각하라며 격려할 때 쓰는 표현입니다. on the bright side는 '긍정적으로 생각하면', '좋게 생각하면'이란 뜻입니다. 비슷한 표현으로는 Think positive.가 있습니다.

Andrew Cara, **what happened to** your eyebrows?

Cara My frickin' brother shaved them off while I was sleeping.

Andrew **I'm speechless.**

Cara **I'm pissed off. I'm sick of** him.

Andrew **Look on the bright side.** Now you look like a world masterpiece.

Cara What do you mean?

Andrew You look like Mona Lisa.

Cara Andrew, you're **not any better than** my brother. You know that?

앤드루 카라, 눈썹이 왜 그래?

카라 내 염병할 남동생이 내가 자는 사이에 내 눈썹을 밀어 버렸단다.

앤드루 진짜 할 말이 없다.

카라 걔 땜에 열받아 죽겠어. 그 녀석이라면 아주 지긋지긋하다니까.

앤드루 좋은 쪽으로 생각해. 너 지금 세계적으로 유명한 명화처럼 보여.

카라 그게 무슨 소리야?

앤드루 너 모나리자 같아.

카라 앤드루, 너도 내 남동생보다 나을 게 하나도 없어. 알아?

What happened to ~?

집이 왜 이렇게 난장판이냐, 네 머리는 또 왜 그 모양이냐… 이렇게 사람, 장소, 사물 등에 문제가 있어 보일 때 "대체 무슨 일이니?"라는 의미로 What happened to ~? 구문을 씁니다. "너 얼굴이 왜 그래? 누구랑 싸웠 니?", "투미한테 무슨 일 있어? 언짢아 보이던데.", "네 차 왜 이래? 어제까지 멀쩡했잖아." 이렇게 무엇이 평 소와 달리 이상이 있어 보일 때 What happened to ~?를 사용해서 어떻게 된 일인지 물을 수 있습니다.

What happened to your voice? (목소리가 쉰 사람에게) 너 목소리가 왜 그래?
What happened to all that money? 그 돈은 다 어떻게 됐어?

I'm speechless. 말문이 막히네요, 말이 안 나와, 할 말이 없다

좋은 일이든 나쁜 일이든 너무 놀라거나 당혹스럽거나 또는 황당해서 말문이 막혔을 때 쓰는 표현입니다.

A Will you marry me? 나와 결혼해 줄래?
B Oh my gosh, I'm speechless! Yes, of course! 세상에, 말이 안 나와! 좋아, 물론이지!

I'm pissed off. 완전 열받았어

머리에서 연기가 올라올 정도로 화가 났을 때 '열받는다'고 말하죠. pissed 혹은 pissed off는 '화나다', '열받 다'란 뜻으로 pissed at *somebody* 하면 '~에게 화나다'란 의미입니다. 그리고 Don't piss me off.(날 열 받게 하지 마.)처럼 piss *somebody* off 는 '무엇이 ~를 열받게 하다'란 뜻입니다.

I'm really pissed. 나 정말 열받았어.
She's still pissed at me. 그녀가 아직도 나한테 화나 있어.

---

be sick of ~ ~이 지긋지긋하다, 진절머리가 나다

맨날 거짓말하는 상대방에게 질렸거나, 이 집 저 집 전전긍긍하는 셋방 생활에 질렸을 때 등 오랫동안 참아 온 무 엇에 대해 지긋지긋하고 진절머리가 난다고 할 때 be sick of ~ 또는 be sick of doing ~을 씁니다. 비슷한 표현으로는 be tired of와 be sick and tired of가 있습니다.

I'm sick of your lies. 네 거짓말 지긋지긋해.
I'm sick of living like this. 이렇게 사는 거 진절머리가 나.

Day 31~35 주어진 어휘를 이용해서 문장을 만들어 보세요.

1 네 생각은 어때? (think)

2 여기 느낌 좋다. (this place)

3 너무 앞서가지 마. (get ahead of)

4 무슨 생각 하니? (think)

5 넌 날 못 속여. (fool)

6 네 눈을 보면 알아. (in your eyes)

7 꿈도 꾸지 마. (think)

8 그는 어떤 사람이야? (like)

9 운에 맡기고 해 보지, 뭐. (chaces)

10 누가 생각이나 했겠어? (would've)

11 세상 참 좁다! (what a)

12 세상에 이런 일이! (the odds)

13 즐거운 시간 보내고 있어? (fun)

14 긍정적으로 생각해. (look on)

15 말이 안 나와. (I'm)

정답 **1** What do you think? **2** This place has a good vibe. **3** Don't get ahead of yourself. **4** What are you thinking about? **5** You can't fool me. **6** I can see it in your eyes. **7** Don't even think about it. **8** What is he like? **9** I'll take my chances. **10** Who would've thought? **11** What a small world! **12** What are the odds? **13** Are you having fun? **14** Look on the bright side. **15** I'm speechless.

DAY 036

It slipped my mind.

깜박했어

직역하면 '그게(it) 내 정신(my mind)에서 빠져나갔다(slipped)'니까 "깜박했어."
란 의미가 됩니다. 주로 깜박하고 어떤 일을 하지 않아 핑계를 댈 때 많이 씁니다.

Boyfriend	You seem upset. What's wrong?
Girlfriend	Nothing. It's just that today was my birthday.
Boyfriend	**What's today's date? I lost track of time.**
Girlfriend	It's OK. You don't have to remember.
Boyfriend	I'm so sorry. **It slipped my mind.**
Girlfriend	Of course it did. **I'm having second thoughts** about you.
Boyfriend	I'll be a good boyfriend. **I swear to God.**
Girlfriend	You always say that.

남자 친구	화난 것 같은데. 왜 그래?
여자 친구	아무것도 아니야. 그냥 오늘이 내 생일이었다는 것밖에는, 뭐.
남자 친구	오늘이 며칠이지? 시간 가는 줄도 몰랐어.
여자 친구	괜찮아. 기억할 필요 없어.
남자 친구	진짜 미안. 깜박했어.
여자 친구	어련하시겠어. 너에 대해서 다시 생각하는 중이야.
남자 친구	내가 좋은 남자 친구가 될게. 맹세해.
여자 친구	맨날 그 소리지.

What's today's date? 오늘 며칠이야?

'날짜'가 영어로 date여서 오늘 날짜를 물어볼 때는 What's today's date? 또는 What's the date?라고 합니다. 그리고 요일은 Monday, Tuesday … 이렇게 마지막에 day로 끝나기 때문에 요일을 물어볼 때는 What day is it? 또는 What day is today?라고 합니다.

I lost track of time. 시간 가는 줄 몰랐어

너무 바쁘거나 어떤 일에 너무 집중한 나머지 시간이 많이 지난 걸 미처 몰랐을 때 쓰는 표현입니다. 단지 몇 시간뿐 아니라 며칠간 시간 가는 줄 모르고 바빴을 때도 사용합니다.

A It's almost 7. John is waiting. 7시 거의 다 됐어. 존이 기다려.
B It's 7 already? I lost track of time. 벌써 7시야? 시간 가는 줄도 몰랐어.

I'm having second thoughts. 다시 생각 좀 하고 있어

자신이 내린 결정이나 선택이 생각했던 것과 다른 것 같아 다시 생각해 보겠다고 할 때 쓰는 표현입니다. have second thoughts (about ~)은 '(~에 대해) 재고하다, 다시 생각하다'란 뜻입니다.

I'm having second thoughts about buying a house. 집 사는 거 다시 고려하는 중이야.
On second thought, I better not marry her. 다시 생각해 보니까, 걔랑 결혼 안 하는 게 좋겠어.

I swear to God. 맹세해

'신에게 맹세코' 내가 한 말이 진심이라는 의미로, 또는 그냥 하는 얘기가 아니라 어떤 일을 정말로 해낼 것이라고 강조할 때 I swear to God.이라고 말합니다. 줄여서 I swear.라고 말할 수도 있습니다.

Good to know.
알아 둬야겠네, 좋은 정보야

어디에 가면 물건을 싸게 살 수 있다는 꿀팁을 얻거나 누구와의 관계에서 조심 해야 할 주의 사항들을 들었을 때 등 유용한 정보를 입수했을 때 "알아 둬야겠 네".라고 말하죠. 그럴 때 쓰는 말이 Good to know.입니다. 그런데 별 도움이 안 되는 얘기를 듣고 건성으로 답할 때 쓰기도 합니다.

Laura   Jeff, wasn't Jenny's birthday in October?

Jeff   **If my memory serves me right**, it was early November.

Laura   Why don't we **throw a party** for her?

Jeff   That would be nice. We should invite **a bunch of** her friends, too.

Laura   Jenny would be **blown away**.

Jeff   Balloons, flowers… what else?

Laura   No flowers. She**'s allergic to** flowers.

Jeff   **That's good to know.**

로라   제프, 제니 생일이 10월이었던가?
제프   내 기억이 맞다면, 11월 초일걸.
로라   우리가 생일 파티를 열어 주면 어떨까?
제프   그럼 좋지. 제니 친구들도 잔뜩 초대하자.
로라   제니 완전 감동 받겠는데.
제프   풍선이랑 꽃이랑… 또 뭐가 있지?
로라   꽃은 안 돼. 걔 꽃 알레르기 있어.
제프   알아 둬야겠구나.

if my memory serves me right 내 기억이 맞다면

백 퍼센트 확실하게 떠오르지 않아 '내 기억이 맞다면 ~야'라고 말할 때 if my memory serves me right ~라고 합니다. right 대신 correctly나 well을 써도 되고, 그냥 간단하게 if memory serves라고도 많이 합니다.

She didn't come to school that day, If my memory serves me correctly.
내 기억이 맞다면, 걔 그날 학교 안 왔어.

If memory serves, the pancakes here are really good.
내 기억이 맞다면, 이 집 팬케이크 정말 맛있어.

throw a party 파티를 열다

'파티를 열다'라고 할 때는 have a party 또는 throw a party라고 합니다. 누구/무엇을 위한 파티인지를 규명하고 싶다면 뒤에 for와 함께 구체적인 내용을 말하면 됩니다.

I'll throw a party for my husband's promotion. 우리 남편 승진 축하 파티를 열 거야.

a bunch of 아주 많은, 잔뜩

무엇의 양이 많다고 할 때 단순히 '많다'는 말보다 '다발로/무더기로 많다'는 말이 더 잘 와닿죠. bunch는 '다발', heap은 '더미'를 뜻하며 a bunch of 혹은 heaps of는 아주 많은 수나 양을 의미합니다.

My mom bought a bunch of clothes. 엄마가 옷을 잔뜩 사 왔어.
I've got heaps of things to do. 할 일이 산더미 같아.

blow *somebody* away (~를) 감동시키다, 뿅 가게 하다, 황홀하게 하다

somebody를 날려 버린다는 말은 무엇이 somebody를 좋은 쪽으로 놀라게 하거나, 기쁘게 하는 것을 의미합니다. 우리말로 '감동을 받다', '뿅 가다' 등으로 해석할 수 있습니다. 감동적인 영화, 끝내주는 풍경, 누군가의 자상함, 아름다운 외모 등으로 인해 마음이 움직였을 때 많이 사용합니다.

His music blew me away. 그 사람 음악에 뿅 갔어.
This book will blow you away. 이 책 읽고 나면 엄청 감동 받을걸.

be allergic to ~ ~에 알레르기가 있다

꽃가루 알레르기, 땅콩 알레르기, 고양이 털 알레르기 등 무엇에 알레르기가 있다고 할 때는 be allergic to ~라고 합니다. I have an allergy to~ 형태로도 쓸 수 있습니다.

I'm allergic to pollen. 난 꽃가루 알레르기가 있어.
She has an allergy to cats. 걔 고양이 알레르기 있어.

You'll see.

보면 알아, 가 보면 알아

무엇인지, 어디에 가는지, 어떻게 하는지 등 궁금해 하는 상대방의 질문에 바로 알려 주지 않고, 잠시 후 곧 알게 될 거라는 의미로 하는 말입니다. 상황에 따라 "보면 알아.", "가 보면 알아.", "열어 보면 알아." 등의 의미가 됩니다.

Susan	This is a fancy restaurant. **What's good here?**
Billy	The salmon is **to die for.**
Susan	I don't eat salmon.
Billy	You should. Salmon keeps your skin young.
Susan	**Says who?**
Billy	Everyone knows that. Just **give it a shot.**
Susan	Is it really good?
Billy	**You'll see.**

수잔	이 식당 고급이네. 여기는 뭐가 맛있어?
빌리	이 집은 연어가 아주 끝내줘.
수잔	난 연어 안 먹어.
빌리	먹어야지. 연어가 피부에 얼마나 좋은데.
수잔	누가 그래?
빌리	다들 아는 사실이야. 그냥 한번 먹어 봐.
수잔	진짜 맛있어?
빌리	먹어 보면 알아.

What's good here? 여기 뭐가 맛있어요?

처음 간 식당에서 종업원이나 함께 온 사람에게 뭐가 맛있는지, 어떤 음식을 잘하는지 물어볼 때 What's good here?라고 합니다. 보통 음식이 맛있다고 할 때도 delicious보다는 good을 사용하는 경우가 더 많습니다. 이 음식점의 특별 메뉴나 맛있는 음식을 추천해 달라는 이미로 What do you recommend?라고 물어볼 수도 있습니다.

to die for 끝내준다, 둘이 먹다 하나 죽어도 모른다

음식이 끝내주게 맛있는 경우 '둘이 먹다가 하나 죽어도 모를 맛'이라고 감탄하게 되는데요. 영어로는 '이것만 먹을 수 있다면 죽어도 좋다'는 의미로 to die for라고 합니다. to die for는 무엇이 끝내주게 좋다는 의미인데, 주로 음식에 관해 얘기할 때 씁니다.

Your fried rice is to die for. 네 볶음밥은 둘이 먹다 하나 죽어도 모르겠다.

Says who? 누가 그래?

"재훈이가 너 좋아한대.", "다음 달에 집값이 뚝 떨어진대." 이렇게 금시초문인 얘기를 듣고 말의 출처를 물을 때, 혹은 언쟁 중 상대방의 의견에 대해 따지고 들 때 "누가 그래?"의 뜻으로 Says who?를 사용합니다.

A   There's no way you can win this game. 넌 절대로 이 게임에서 이길 수 없어.
B   Says who? 누가 그래?

Give it a shot. 한번 시도해 봐

"결과를 보장할 수는 없지만 시도는 한번 해 봐.", "깊게 생각하지 말고 그냥 한번 해 봐." 이렇게 어떤 일에 도전해 보라고 부추길 때 '시도'란 뜻의 shot을 써서 Give it a shot.이라고 합니다. 같은 의미로 Give it a try.라고 해도 됩니다.

I'll give it a shot. 한번 해 볼 거야.
Let's give it a try. 한번 해 보자.

DAY
039

Hear me out.
내 말 끝까지 들어 봐

아직 내 말이 끝나지도 않았는데 상대방이 자꾸 말을 끊으면 짜증이 나죠. 말 끊지 말고 일단 내 얘기를 끝까지 들어 보라는 뜻으로 하는 말이 Hear me out.입니다. 단어 out에 '끝까지'라는 의미가 들어 있어요. 비슷한 표현으로는 Let me finish.가 있습니다.

ex **Just hear me out, all right?** 그냥 내 말 끝까지 들어 봐, 알겠지?
Hear me out on this. 이 얘기 끝까지 들어 봐.

Son	Mom, I want to marry Clara.
Mom	Are you crazy? She's ten years older than you.
Son	**Age is just a number.** Love is what matters.
Mom	**You're not thinking straight.** You won't get over the age gap.
Son	**I beg to differ.** Clara is –
Mom	I don't want to hear you. **Think it over.**
Son	**Hear me out.** Clara is the one for me. I'm going to marry her.
Mom	**Over my dead body!**

아들	엄마, 저 클라라랑 결혼하고 싶어요.
엄마	너 미쳤니? 걔는 너보다 열 살이나 많아.
아들	나이는 그냥 숫자에 불과해요. 사랑이 중요하죠.
엄마	너 지금 제정신 아니야. 결국 나이 차를 극복 못 할 거다.
아들	제 생각은 달라요. 클라라는…
엄마	듣기 싫다. 잘 생각해 봐.
아들	제 말 좀 끝까지 들어 보세요. 저한테는 클라라밖에 없어요. 결혼할래요.
엄마	내 눈에 흙이 들어가기 전에는 절대 안 돼!

Age is just a number. 나이는 그저 숫자일 뿐이다

나이가 많아서 새로운 시도를 하기엔 이미 늦었다고 하거나, 나이 차이가 많이 나서 결혼은 무리라고 하는 사람에게 "나이는 그저 숫자일 뿐이다."라고 말할 수 있겠죠. 영어로도 우리말과 비슷하게 Age is just a number. 라고 합니다

You're not thinking straight. 너 제정신이 아니야

think straight는 '이성적으로 똑바로 생각하다'란 뜻인데요. 그래서 스스로 제대로 생각할 수 없을 때는 I can't think straight.라고 말하고, 상대방이 감정에 치우쳐서 제대로 생각하지 못하고 잘못된 결정을 내릴 때는 You're not thinking straight.라고 말할 수 있습니다.

I beg to differ. 내 생각은 다른데

상대방의 의견에 동의하지 않는 경우 "내 생각은 좀 다른데요."라고 정중하게 말하는 표현입니다. 비슷한 표현으로 I disagree. 또는 I think differently.라고 해도 됩니다.

Think it over. 잘 생각해 봐

think *something* over는 '(결정을 내리기 전에) ~에 대해 신중히 생각해 보다'란 뜻인데요. 그래서 Think it over.라고 하면 "잘 생각해 봐."란 말이 됩니다. 내 기대와는 다른 결정을 내리려는 사람에게 다시 한번 잘 생각해보라고 할 때도 자주 사용됩니다.

I'll think it over. 잘 생각해 볼게.
Let me think it over. 생각 좀 해 볼게.
That's not the best choice. Think it over. 그게 최선의 선택은 아니잖아. 다시 잘 생각해 봐.

Over my dead body. 내 눈에 흙이 들어가기 전엔 안 돼

결혼을 반대하는 부모님들이 자주 하는 말이 바로 "내 눈에 흙이 들어가기 전엔 안 된다."이죠. 영어로도 "내가 죽기 전에는 안 된다."는 의미로 Over my dead body.라고 합니다.

I'm all ears.

잘 듣고 있으니까 말해 봐

I'm all ears.는 직역하면 '내 몸 전체가 귀야.'라는 의미로, 즉 상대방의 말을 잘 들어 줄 수 있다는 뜻입니다. 그래서 상대방이 내게 할 말이 있다고 할 때 I'm all ears.라고 하면 귀 기울여 들을 테니까 말해 보라는 말입니다. 때에 따라 "잘 듣 고 있어.", "잘 듣고 있으니까 말해 봐."란 뜻이 됩니다.

Girlfriend I **binge-watched** a Korean soap opera last night. It was soooo good!

Boyfriend ……

Girlfriend The man was **two-timing** his girlfriend, and… are you listening?

Boyfriend Oh, **I spaced out for a bit.** What did you say?

Girlfriend **Never mind.**

Boyfriend Sorry. Go ahead. **I'm all ears.**

Girlfriend **I can tell** you're not interested at all.

Boyfriend No. I'll listen.

여자 친구 어젯밤에 한국 드라마 한 편을 정주행했거든. 너~~~~무 재밌는 거 있지!

남자 친구 …….

여자 친구 남자 친구가 양다리를 걸치고 있었거든. 그런데… 너 듣고 있냐?

남자 친구 아, 잠깐 멍때렸어. 뭐라고 했어?

여자 친구 됐어. 신경 쓰지 마.

남자 친구 미안해. 얘기해 봐. 잘 들을게.

여자 친구 네가 1도 관심 없어 하는 거 알아.

남자 친구 아니야. 들을 거야.

binge-watch (TV 시리즈를) 몰아서 보다

짧은 시간 동안 무엇을 과하게 하는 것을 binge라고 하는데요. 그래서 TV 시리즈물을 한 번에 몰아서 본다고 할 때는 binge-watch라고 합니다. 덤으로 binge watching은 'TV 시리즈 정주행', binge eating은 '폭식, 과 식', binge drinking은 '과음'이란 뜻입니다.

two-time *somebody* (~ 몰래) 양다리 걸치다

어떤 사람과 사귀는 동안 또 다른 이성과 만나는 것, 즉 '양다리 걸친다'는 표현을 two-time이라고 합니다. 두 번 이라는 뜻이 아니라 한 번에 두 명을 동시에 만난다는 뜻이에요. '양다리 걸치는 사람'은 two-timer라고 합니다.

She's two-timing you. 걔 너랑 다른 남자랑 양다리 걸치고 있어.

I spaced out for a bit. 잠시 멍때리고 있었어

아무 생각 없이 눈에 초점 없는 상태로 멍하게 있을 때가 있죠. 이렇게 '멍때린다'고 할 때는 space out 또는 zone out이란 표현을 씁니다.

Hey, are you spacing out? 야, 너 멍때리고 있냐?

Never mind. 신경 쓰지 마, 아니다, 관두자

Never mind.는 기본적으로 "신경 쓰지 마."란 뜻인데요. 내가 하던 말이 중요한 얘기가 아니어서 신경 쓰지 말라고 할 때, 어떤 말을 하려다가 할 필요 없을 것 같아서 그만둘 때, 길게 설명하기 번거로워 그냥 넘어가려고 할 때 등 여러 상황에서 사용합니다.

Can you bring me some water? Never mind. I'll go get it.
물 좀 가져다줄래? 아니다. 내가 가져올게.

I can tell. 보면 알아

구어체에서 can tell은 '알다', '알아보다', '구분하다'란 뜻으로 많이 쓰이는데요. 그래서 분위기라든지 상대방의 표정만 보고도 무언가를 바로 알았을 때는 I can tell.이라고 합니다. 어떻게 알았는지 이유까지 밝힐 때는 I can tell 다음에 'by+이유'를 덧붙여서 말하면 됩니다.

A How can you tell? 넌 그걸 어떻게 알아?
B I can tell by the way he acts. 걔 하는 행동만 봐도 알지.

1 깜박했어. **(my mind)**

2 오늘 며칠이야? **(today)**

3 시간 가는 줄 몰랐어. **(track)**

4 알아 둬야겠네. **(good)**

5 나 꽃가루 알레르기 있어. **(allergic)**

6 보면 알아. **(see)**

7 여기 뭐가 맛있어요? **(good)**

8 한번 시도해 봐. **(shot)**

9 내 말 끝까지 들어 봐. (hear)

10 너 제정신이 아니야. (straight)

11 내 생각은 달라. (differ)

12 내 눈에 흙이 들어가기 전에는 안 돼. (dead)

13 잘 듣고 있으니까 말해 봐. (ears)

14 잠시 멍때리고 있었어. (for a bit)

15 넌 그걸 어떻게 알아? (tell)

정답 **1** It slipped my mind. **2** What's today's date? **3** I lost track of time. **4** Good to know. **5** I'm allergic to pollen. **6** You'll see. **7** What's good here? **8** Give it a shot. **9** Hear me out. **10** You're not thinking straight. **11** I beg to differ. **12** Over my dead body. **13** I'm all ears. **14** I spaced out for a bit. **15** How can you tell?

I get that a lot.
그런 말 많이 들어요

누구와 닮았다거나, 사진보다 실물이 낫다는 등 평소 다른 사람들로부터 자주 듣는 얘기를 또 듣게 됐을 때 I hear that a lot. 또는 I get that a lot.이라고 합니다.

ex I hear that all the time. 그런 말 항상 들어요.
I get that sometimes. 그런 말 가끔 들어요.

Man	Excuse me. **Have we met before?**
Woman	**I don't think we've met.**
Man	I'm sorry. You look so familiar.
Woman	**No worries. I get that a lot.**
Man	You do? I swear I've seen you somewhere before.
Woman	Maybe you saw me **in passing.**
Man	Maybe that's it.

남자	실례합니다. 우리 전에 만난 적이 있던가요?
여자	처음 뵙는 것 같은데요.
남자	죄송합니다. 너무 낯이 익어서요.
여자	괜찮아요. 그런 말 많이 들어요.
남자	그러세요? 그래도 분명히 어디서 꼭 뵈었던 것 같은데.
여자	지나가다가 보셨나 보죠.
남자	아무래도 그런 것 같네요.

Have we met before? 우리 전에 만난 적이 있던가요?

처음 만난 사람인데 왠지 낯이 익을 때 전에 본 적이 있는지 묻는 표현입니다. 근데 이 표현은 이성에게 작업할 때도 자주 쓰여서 오해를 받을 수 있으니 주의하세요. 참고로 "낯이 익어요."는 You look familiar.라고 합니다.

I don't think we've met. 만난 적 없는 것 같은데요

처음 보는 사람이 나에게 전에 만난 적이 있지 않냐고 물어볼 때 만난 적 없다고 대답하는 표현입니다. 더 간단하게 I don't think we have.라고 말해도 됩니다. 그리고 "만났을 수도 있겠네요."라고 할 때는 We might have.라고 하면 됩니다.

No worries. 괜찮아요

상대방이 나에게 실수를 했거나 민폐를 끼쳐 사과할 때 '나는 괜찮으니까 걱정할 것 없다'는 의미로 No worries.라는 표현을 자주 씁니다. 같은 의미로 No biggie. 또는 No problem.이라고 해도 됩니다.

in passing 지나가다, 지나가는 말로

in passing은 '지나가다', '지나가는 말로'란 뜻이어서 see ~ in passing이라고 하면 '지나가다 ~를 보다'란 말이 되고, mention ~ in passing이나 say ~ in passing이라고 하면 '지나가는 말로 ~라고 하다'라는 표현이 됩니다.

She only mentioned it in passing. 그녀가 그냥 지나가는 말로 했어.
I just heard his name in passing. 그냥 지나가다 그의 이름을 들었어.
We probably saw each other in passing. 아마도 길 가다가 봤었나 보네요.

Look who's talking.

사돈 남 말 하네, 누가 할 소리

본인도 제대로 못 하면서 남에게 훈수를 두거나, 본인도 그러면서 남을 지적하는 등 나와 별반 차이가 없거나 오히려 나보다 못한 사람이 나에게 이러쿵저러쿵 잔소리할 때 쓰는 표현입니다. Look who's talking.을 직역하면 '말하는 사람이 누군지 봐라.'니까 '너는 그런 말할 자격이 없다.'는 말이 됩니다.

Luke	Gina, I need to talk to you.
Gina	About what?
Luke	You need to **stop talking behind my back.**
Gina	Wow! **It's funny you should say that.**
Luke	Hey, I've heard what you said about me.
Gina	**Look who's talking.** I know you've been **talking shit about me.**
Luke	**This is tiring.** Let's drop it.
Gina	**You brought it up first.**

루크	지나, 너한테 할 말이 있어.
지나	뭔데?
루크	뒤에서 내 험담 좀 그만하고 다녀.
지나	왜! 네가 그런 말을 하다니 웃기다.
루크	야, 네가 나에 대해서 뭐라고 했는지 다 들었거든.
지나	사돈 남 말 하고 있네. 네가 내 욕하고 다니는 거 다 알아.
루크	지친다. 관두자.
지나	네가 먼저 얘기 꺼냈잖아.

Stop talking behind my back. 뒤에서 내 험담하지 마

behind *somebody*'s back은 '~가 없는 곳에서', '~ 뒤에서'란 뜻으로 talk behind *somebody*'s back
이라고 하면 '~의 뒤에서 험담을 하다'란 말이 됩니다.

He talks behind his friend's back. 그 사람, 뒤에서는 사기 친구 욕을 한다니까.
Everyone is laughing at me behind my back. 모두 내 뒤에서 날 비웃고 있어.

It's funny you should say that. 네가 그 말 하니까 웃긴다

내가 무언가를 하거나 말하려는데 때마침 누군가가 관련된 말을 했을 때 우연의 일치에 대한 신기함을 나타내는
표현입니다. 맨 앞의 It's는 생략하기도 하고, 비슷한 표현으로는 Funny you should ask.가 있습니다.

talk shit (about *somebody*) (~의) 험담을 하다

talk shit은 '남의 험담을 하다'란 뜻으로 talk shit about *somebody*라고 하면 '~의 험담을 하다'란 말이 됩니다.

She talks shit about her husband all the time. 걔 맨날 자기 남편 욕 하잖아.

This is tiring. 피곤하다, 골치 아프다

tiring은 '피곤하게 하는, 피곤한'이란 뜻의 형용사로, 어떤 일이나 상황이 피곤하게 느껴질 때 This is tiring.이
라고 합니다. 그리고 tire *somebody* out은 '~를 녹초로 만들다'란 뜻으로, tire me out이라고 하면 '~ 때문에
힘들어 죽겠다'란 말이 됩니다.

My kids tire me out. 애들 때문에 힘들어 죽겠어.

You brought it up first. 네가 먼저 얘기 꺼냈잖아

bring *something* up은 '~ 얘기를 꺼내다'란 뜻인데요. 그래서 다투던 중 You brought it up.이라고 하
면 "네가 그 얘기 꺼냈잖아."란 말이 되고, 상대방이 눈치 없게 하면 안 되는 말을 하려고 할 때 Don't bring it
up.이라고 하면 "그 얘긴 꺼내지 마."란 말이 됩니다. 덤으로 "네가 먼저 시작했잖아."란 뜻의 You started
it.도 있습니다.

You're the one who brought it up. 그 얘기 꺼낸 사람은 너잖아.
I shouldn't have brought it up. 그 얘기 꺼내는 게 아닌데.

Speak for yourself.
너나 그렇지

나는 최근에 여자 친구가 생겼는데 모태 솔로인 친구가 우리는 같은 처지라고 말하거나, 나는 여행이 너무 가고 싶은데 게을러서 움직이는 걸 싫어하는 친구가 집에 있는 게 최고라고 말하는 등 상대방이 자기 자신에게나 해당하는 얘기를 다른 사람도 당연히 같을 거라는 듯 말할 때 '너나 그렇지, 나는 아니야.'라는 의미로 쓰는 표현입니다.

Wife	Has our coffee maker been delivered yet?
Husband	Nope.
Wife	Shoot! **It's taking forever.**
Husband	**Chill your beans.** We don't need it right away.
Wife	**Speak for yourself.** I need my coffee **first thing in the morning.**
Husband	You can use our old coffee maker.
Wife	That crappy old one? I want a new one now!
Husband	Be patient. **It'll be here when it's here.**

아내	커피 머신 택배 아직도 안 왔어?
남편	안 왔어.
아내	젠장! 아주 한 오백 년 걸리는구만.
남편	진정하세요. 당장 필요한 것도 아닌데, 뭐.
아내	당신이나 그렇지. 난 눈 뜨자마자 커피부터 마셔야 한다고.
남편	전에 쓰던 거 쓰면 되지.
아내	그 낡고 후진 거? 난 당장 새것이 필요하다고.
남편	참을성 있게 기다려. 와야 오는 거지.

It's taking forever. 되게 오래 걸리네

뭔가가 시간이 너무 오래 걸릴 때 "뭐가 이렇게 오래 걸려?"란 의미로 What's taking so long?이라고 하는데요. 마찬가지로 커피를 주문했는데 30분이 지나도 커피가 안 나오거나, 아무리 줄 서서 기다려도 내 차례가 오지 않을 때 It's taking forever.라고 하면 "되게 오래 걸리네.", "천년만년 걸리네."란 의미가 됩니다.

Chill your beans. 진정해, 좀 가라앉혀

잔뜩 흥분해 있거나 화를 내는 사람에게 "진정해.", "좀 가라앉혀."라고 말할 때 쓰는 표현입니다. 직역하면 '콩을 차갑게 식혀라'인데요. 1960년대 대학생들 사이에서 '잘 지낸다', '근황이 아주 좋다'는 뜻으로 쓰이던 cool beans라는 슬랭에서 온 표현입니다. 그 뒤로 TV 쇼와 영화에서 쓰이면서 오늘날의 Chill your beans.가 되었다고 해요. 비슷한 표현으로는 Calm down.과 Take it easy. 등이 있습니다.

first thing in the morning 아침에 눈 뜨자마자, 내일 아침 바로

"디자인 시안에서 수정할 게 있는데 지금 할 수 있을까요?", "지금은 퇴근했는데 내일 아침에 바로 할게요." 이렇게 오늘은 여의치 않고 '내일 아침 바로' 또는 '내일 제일 먼저'라고 할 때 first thing in the morning이라고 합니다. 같은 의미로 first thing tomorrow나 first thing tomorrow morning이라고 해도 됩니다.

I'll come over first thing tomorrow. 내일 아침에 바로 갈게.
I need it first thing tomorrow morning. 나 그거 내일 아침에 바로 필요해.
I want you in my office first thing in the morning. 아침에 출근하면 바로 내 사무실로 와.

It'll be here when it's here. 와야 오는 거야

택배, 편지, 배달 등등 정확한 도착 날짜나 시간을 모르는 경우, 무작정 기다린다고 해서 더 빨리 오는 건 아니죠. 와야 오는 것이니 기다리지 말고 맘 편히 있으라는 의미에서 영어로도 It'll be here when it's here.라고 표현합니다. 사람을 기다리는 경우에도 주어를 바꿔서 활용할 수 있어요.

He'll be here when he's here. 그 사람이 와야 오는 거지.

Now you're talking.

이제야 말이 통하네, 진작 그렇게 나와야지

상대방과 의견 차이로 실랑이를 벌이다가 마침내 상대로부터 내가 바라는 말이나 제안을 듣게 됐을 때 Now you're talking.이라고 하는데요. 상황에 따라 "이제야 말이 통하네.", "진작 그렇게 나와야지."란 말이 됩니다.

Woman	You **know everything about everything** in this town. Who **TP'd** my tree?
Boy	Beats me.
Woman	**I wasn't born yesterday. Spit it out.**
Boy	OK. **I'm gonna level with you.**
Woman	**Now you're talking.**
Boy	It was Larry. He didn't mean any harm.
Woman	I knew it. I have to talk to his mom.
Boy	**Can you cut him some slack?** He's a good kid after all.

여자	이 동네에 관한 한 네가 모르는 일은 없지. 우리 집 나무에 화장지 테러한 거 누구야?
소년	모르겠는데요.
여자	내가 바보인 줄 아니. 빨리 말해.
소년	알았어요. 솔직하게 말할게요.
여자	진작 그럴 것이지.
소년	래리가 그랬어요. 나쁜 의도로 한 짓은 아니고요.
여자	그럴 줄 알았어. 걔네 엄마랑 얘기 좀 해야겠다.
소년	걔 좀 봐주시면 안 돼요? 알고 보면 좋은 아이예요.

know everything about everything 모르는 게 없다

정치, 경제, 문화, 상식 등 뭘 물어봐도 척척 대답하는 사람들이 있죠. 이렇게 모르는 게 없는 사람을 일컬어 '모든 것에 대해 다 알고 있다'는 의미로 know everything about everything이라고 말합니다.

My husband knows everything about everything. 우리 남편은 모르는 게 없어.

TP 화장지 테러를 하다

미국에서는 아이들이 남의 집과 나무에 화장지를 풀어서 감아 놓는 장난을 가끔 치는데요. TP는 toilet paper 의 약자로 '화장지 테러를 하다'란 동사로 씁니다.

Someone has been TP'ing our neighborhood. 누가 우리 동네에 화장지 테러를 하고 다닌다니까.

I wasn't born yesterday. 누굴 바보로 아는 거야, 나도 알 건 다 알아

상대방이 나를 순진하게 보고 아무것도 모를 거라고 생각하거나, 또는 나를 만만하게 보고 속이려고 할 때 쓰는 말입니다. 어제 태어난 아기처럼 아무것도 모르는 멍청한 사람이 아니라는 뜻입니다. 우리말로는 "나도 알 건 다 알아.", "누굴 바보로 아는 거야!", "나 어린애 아니거든." 등의 의미가 됩니다.

Spit it out. 말해 봐, 불어, 뱉어

spit은 원래 입에 든 것을 뱉는 것을 뜻하지만, '말을 내뱉다'라고 할 때도 사용합니다. 그래서 상대방이 말하기 꺼리거나 망설이는 것을 말해 보라고 할 때 Spit it out.이라고 하죠. 물론 입에 든 것을 뱉으라는 의미도 됩니다.

I'm gonna level with you. 너한테 솔직하게 털어놓을게

level with *somebody*는 '(어떤 사실을) ~에게 숨기지 않고 사실대로 말하다'란 뜻인데요. 즉 '솔직히 털어놓다'란 의미입니다. 그래서 "너한테 솔직하게 털어놓을게."라고 할 때는 I'm gonna level with you. 또는 I'll level with you.라고 합니다. 비슷한 표현으로 I'll be honest with you.가 있습니다.

Can you cut him some slack? 걔 좀 봐주면 안 돼요?

slack은 '느슨한', '느슨한 부분'이란 뜻인데요. cut *somebody* some slack은 '(보통은 안 되는 거지만 이번만) ~를 좀 봐주다'란 의미입니다. 그래서 Cut him some slack.이라고 하면 "걔 사정 좀 봐줘.", "걔 좀 봐줘."란 뜻이 돼요.

DAY 045

That's easy for you to say.

너야 쉽게 말하겠지

나보다 처지가 훨씬 나은 사람이 내 상황을 이해 못 하고 쉽게 말하거나, 상대방에게는 쉬운 일일지 몰라도 나에게는 쉬운 일이 아닐 때 "너에게는 쉽지만 나는 그렇지 않아.", "너나 그렇지 나는 아니야."라는 뜻으로 하는 말입니다.

ex A **Money is not everything in this world.** 세상에는 돈이 전부가 아니야.

B **That's easy for you to say! Your parents are filthy rich.**
너야 쉽게 말하지! 너희 부모님이 엄청 부자잖아.

Woman	Mike and I split up over Clara.
Man	I told you he's no good.
Woman	I thought we were **made for each other**.
Man	**You always fall for the wrong guy.**
Woman	I thought he would marry me.
Man	**He's not husband material. You're better off without him.**
Woman	**That's easy for you to say.** Waah!
Man	**Get a grip** and move on.

여자	마이크가 클라라가 좋다고 해서 마이크랑 헤어졌어.
남자	걔, 좋은 사람 아니라고 내가 얘기했잖아.
여자	난 우리가 천생연분인 줄 알았단 말이야.
남자	넌 항상 아니다 싶은 남자한테 빠지더라.
여자	걔가 나랑 결혼할 줄 알았는데.
남자	걘 남편감으론 영 아니거든. 걔가 없는 게 오히려 너한테 나아.
여자	너야 쉽게 말하겠지. 으앙!
남자	정신 차리고 다시 시작해.

made for each other 천생연분

'천생연분'을 영어로 하면 match made in heaven인데요. 보통은 made for each other과 perfect for each other이라는 표현을 더 많이 씁니다. '서로를 위해 만들어진', '서로에게 완벽한'이란 뜻이니 '천생연분'이 되는 거죠. 또 meant for each other과 right for each other란 표현도 있어요. 반대로 두 사람이 잘 맞지 않는다고 할 때는 not right for each other라고 합니다.

Steve and Amanda were made for each other. 스티브랑 아만다는 천생연분이야.
You two are perfect for each other. 너희 둘 천생연분이야.

You always fall for the wrong guy. 넌 늘 옳지 않은 남자한테 빠져

어떤 사람을 갑자기 좋아하게 될 때 '~에게 빠지다'라고 말하죠. 영어로도 똑같이 fall for *somebody*라고 합니다. '~에게 빠지다'라는 뜻이에요.

Don't fall for a guy at work. 같은 직장의 남자에게 빠지지 마.
You fell for her, didn't you? 너 걔한테 빠졌지, 그치?

He's not husband material. 그 사람은 남편감은 아니야

'남편감', '신붓감', 'CEO 재목', '하버드 재목' 이렇게 '~감', '~ 재목'이라고 할 때는 ~ material이라고 하는데요. '~을 하기에 적합한 사람'이란 뜻입니다. 남자 친구감은 boyfriend material, 대통령감은 president material, CEO 재목은 CEO material, 하버드 재목은 Harvard material이라고 합니다.

You're better off without him. 그 사람이 없는 게 오히려 너한테 나아

어떤 사람이 없는 게 오히려 낫다고 할 때는 better off without him/her라고 하는데요. 상대방이 연인과 헤어져 슬퍼하거나 어떤 일을 함께하던 사람이 떠나서 힘들어할 경우, 그 사람은 좋은 사람이 아니었다고 오히려 너한테 잘된 일이라고 위로할 때 쓸 수 있는 표현입니다.

He's better off without me. 그는 내가 없는 게 차라리 나아.

Get a grip. 정신 차려, 진정해

상심하거나 화내거나 두려워하는 등의 감정 상태에 있는 사람에게 마음을 가다듬고 진정하라고 하거나, 정신 차리라고 할 때 Get a grip. 또는 Get a grip on yourself.라고 합니다. grip은 '꽉 붙잡음'이란 뜻이니까, 우리말의 "정신줄 놓지 마."와 비슷한 표현이라 할 수 있습니다.

1 그런 말 많이 들어요. (get)

2 우리 전에 만난 적 있나요? (before)

3 그녀가 그냥 지나가는 말로 했어. (only mentioned it)

4 누가 할 소리. (look)

5 네가 그 말 하니까 웃기다 (say that)

6 네가 먼저 얘기 꺼냈잖아. (first)

7 너나 그렇지. (speak)

8 되게 오래 걸리네. (forever)

9 이제야 말이 통하네. (talk)

10 누굴 바보로 아는 거야. (yesterday)

11 너한테 솔직하게 털어놓을게. (level with)

12 그를 좀 봐줘. (some slack)

13 너야 쉽게 말하지. (that's easy)

14 너는 늘 옳지 않은 남자한테 빠져. (fall for)

15 그 사람이 없는 게 오히려 너한테 나아. (better off)

정답 **1** I get that a lot. **2** Have we met before? **3** She only mentioned it in passing. **4** Look who's talking. **5** It's funny you should say that. **6** You brought it up first. **7** Speak for yourself. **8** It's taking forever. **9** Now you're talking. **10** I wasn't born yesterday. **11** I'm gonna level with you. **12** Cut him some slack. **13** That's easy for you to say. **14** You always fall for the wrong guy. **15** You're better off without him.

DAY 046

That's easier said than done.

말이야 쉽지, 그게 말처럼 쉽지 않아

easier said than done을 직역하면 '하는 것보다 말이 쉽다'인데요. 바꿔 말하면 '말처럼 하는 것은 쉽지가 않다'란 뜻입니다. 상대방이 무엇에 대해 쉽게 말하지만 사실 그게 말처럼 쉽지 않은 것일 때 That's easier said than done.이라고 합니다.

Wife	Are you drinking again?
Husband	It's raining today.
Wife	**Don't make excuses.** You said you quit.
Husband	**I take it back.** I don't quit.
Wife	I thought you **set your heart on** quitting.
Husband	**It's easier said than done.**
Wife	You're so weak.
Husband	**What's the point of** life without drinking?

아내	또 술 마시는 거야?
남편	오늘 비가 오잖아.
아내	핑계 대지 마. 당신 술 끊었다고 했잖아.
남편	그 말 취소. 안 끊을래.
아내	술 끊을 줄 알았더니만.
남편	그게 말처럼 쉽나.
아내	당신은 정신력이 약하다니까.
남편	술도 안 마실 거면 뭐 하러 살아?

Don't make excuses. 핑계 대지 마

여기서 excuse는 명사로 '변명, 핑계'를 의미해요. "핑계 대지 마."라고 할 때는 Don't make excuses. 또는 No excuse.라고 합니다. 만약 상대방이 계속해서 핑계를 댄다면 No more excuses.라고 말해도 됩니다.

I take it back. 그 말 취소할게

take *something* back은 '~을 다시 가져가다'란 뜻인데요. 자신이 한 말에 대해 I take it back.이라고 하면 "그 말 취소할게."라는 의미가 되고, 상대방이 한 말에 대해 Take it back.이라고 하면 "그 말 취소해."가 됩니다. You can't take it back.이라고 하면 "이미 한 말은 취소 못 하지."라는 뜻이 됩니다.

set *somebody*'s heart on ~ ~를 마음먹다, ~를 결심하다

"이사 하기로 마음 정했어.", "담배를 끊기로 결심했어." 이렇게 무엇을 하거나 하지 않기로 확실히 마음을 정했을 때 set *somebody*'s heart on ~ 또는 have *somebody*'s heart set on ~을 써서 말합니다.

I have my heart set on getting a job. 나 취직하기로 마음먹었어.

What's the point of ~? ~가 무슨 의미가 있어?, ~가 무슨 소용이야?

"미래가 다 정해져 있다면 노력하는 게 무슨 의미가 있어?", "아무도 신경 안 쓸 텐데 이게 무슨 소용이야?"처럼 '~가 무슨 의미가 있어?', '~가 무슨 소용이야?'라고 할 때는 What's the point of ~?라고 합니다. of 뒤에는 명사나 명사 역할을 하는 동명사가 옵니다. '~해 봤자 아무 소용없다'란 뜻으로 There's no point in (doing *something*)이라고 할 수도 있습니다.

What's the point of waiting? 기다리는 게 무슨 의미가 있어?
What's the point of all this? 이게 다 무슨 소용이야?
There's no point in arguing. 다퉈 봤자 아무 소용없어.

I'll be right back.
금방 돌아올게

I'll be right ~는 '금방 ~로 갈게'란 의미여서 I'll be right back.이라고 하면 "금방 돌아올게."란 말이 됩니다. 덤으로 I'll be right with you.는 곧 당신을 응대해 줄 테니 조금만 기다려 달라는 뜻입니다.

ex **I'll be right there.** 금방 거기로 갈게.
I'll be right out. 금방 나갈게.
I'll be right up. 금방 올라갈게.

Son	I can't believe you made me paint our restaurant.
Mom	I'm **self-employed**, son. I need your help.
Son	**You're so cheap.**
Mom	**Put yourself in my shoes.** Owning your own restaurant is **no joke.**
Son	OK, OK. **Let's get it over with.**
Mom	That's my boy!
Son	I need to change first. **I'll be right back.**
Mom	Wear something you don't mind ruining.

아들	저한테 우리 식당 페인트 칠을 시키시다니 너무하세요.
엄마	아들, 난 자영업자야. 네가 좀 도와줘야지.
아들	엄마는 돈을 너무 안 쓰려고 해요.
엄마	네가 내 입장이 되어 봐라. 식당 운영하는 게 어디 그렇게 쉽냐.
아들	알았어요, 알았어. 빨리 해치우죠, 뭐.
엄마	착한 우리 아들!
아들	우선 옷부터 갈아입어야 겠어요. 곧 올게요.
엄마	버려도 될 만한 옷으로 입으렴.

self-employed 자영업자

employ는 '고용하다'란 뜻의 동사인데요. 취직이 되었다고 할 때는 수동태로 I'm employed.라고 합니다. self-employed는 스스로를 고용했다는 말이니 '자영업자'를 의미합니다. 참고로 '고용주'는 employer, '고용된 사람'은 employee라고 합니다.

You're so cheap. 넌 너무 짜, 넌 진짜 구두쇠야

cheap에는 '값이 싼'이란 뜻 외에 '인색한'이란 뜻도 있어서, 돈을 잘 안 쓰는 사람을 '인색하다, 짜다'고 말할 때 cheap을 써서 표현합니다. '구두쇠'는 cheapo라고 하는데, cheap 뒤에 알파벳 o를 붙여 만든 슬랭입니다.

My dad is a cheapo. 우리 아빠는 구두쇠야.

Put yourself in my shoes. 네가 내 입장이 돼 봐

in *somebody*'s shoes는 '~의 입장'이란 뜻인데요. put yourself in *somebody*'s shoes라고 하면 '네가 ~의 입장이 되어 봐'란 말이 됩니다. 카메론 디아즈가 주연했던 영화 제목 〈In Her Shoes(당신이 그녀라면)〉에서도 이 표현을 찾아볼 수 있어요.

Put yourself in his shoes, what would you do? 네가 그의 입장이 되어 봐. 너라면 어쩔 거야?
I would do the same thing if I were in her shoes. 내가 그녀의 입장이라도 똑같이 할 거야.
Try to put yourself in their shoes. 네가 그 사람들 입장이 한번 되어 봐.

no joke 장난 아니야, 만만치 않아

어떤 일에 대해 no joke라고 말했다면 농담으로 하는 말이 아니라 그 일이 진짜로 어렵다, 만만치 않다는 뜻입니다. 우리말의 '장난 아니다'에 가장 가까운 표현이에요.

Standing on my feet for six hours a day is no joke. 하루 여섯 시간 동안 서 있는 일 장난 아니야.

Let's get it over with. 빨리 해치워 버리자

청소, 빨래, 설거지, 숙제 등 손대기 싫은 일, 자꾸 미루게 되는 일 등을 그냥 빨리 해치워 버리자는 뜻의 표현이에요. 좀 더 간단하게 Let's get it done.이라고 말할 수도 있습니다.

Let's get some air.

우리 바람 좀 쐬자

get some air는 실내에 있다가 잠시 밖으로 바람을 쐬러 나가는 것을 의미해요. 그래서 바람 좀 쐬고 싶을 때나 상대방에게 따로 할 말이 있을 때는 Let's get some air.라고 합니다.

ex **I'm going to get some air.** 나 바람 좀 쐬러 갈게.
You wanna get some air? 너 바람 좀 쐴래?
I need some fresh air. 나 신선한 공기 좀 쐬야겠다.

Man	I can't believe I killed Spot.
Woman	**Don't beat yourself up.** It was an accident.
Man	I shouldn't have let him off the leash.
Woman	**Get over it.** He's in doggie heaven.
Man	I'm a murderer.
Woman	**Don't be so hard on yourself.** You've **locked yourself in** for days.
Man	If I die any time soon, **it serves me right.**
Woman	Oh, come on! Get up! **Let's get some air.**

남자	내가 스팟을 죽였다니.
여자	너무 자책하지 마. 그건 사고였어.
남자	목줄을 풀어 주는 게 아니었는데.
여자	그만 좀 해. 강아지 천국에 잘 갔을 거야.
남자	난 살인자야.
여자	너 자신 좀 그만 들들 볶아. 며칠째 밖에도 안 나가고 말이야.
남자	내가 조만간 죽는다 해도 싸지, 싸.
여자	아우, 좀! 일어나! 바람 쐬러 나가자.

Don't beat yourself up. 너무 자책하지 마

beat yourself up (about/over *something*)은 '(~에 관해서) 몹시 자책하다'란 뜻인데요. 어떤 일에 대해 심하게 자책하며 괴로워하는 사람을 위로할 때 Don't beat yourself up. 또는 Stop beating yourself up.이라고 말합니다.

You shouldn't beat yourself up about it. 그 일로 자책하지 마.

Get over it. 떨쳐 버려

상대방이 이미 지난 일에 대해 계속 상심하거나, 걱정하거나, 불평할 때 그만 사실을 받아들이고 좀 잊어버리라는 의미로 하는 말입니다. get over *something*은 '안 좋은 일을 잊고 극복하다'란 뜻이에요.

You'll get over it. 넌 극복할 거야.
I can't get over it. 난 잊을 수가 없어.

Don't be so hard on yourself.
너 자신을 들들 볶지 마, 자신을 너무 힘들게 하지 마

be hard on *somebody*는 '~에게 심하게/엄하게/모질게 대하다'란 뜻인데요. 그래서 자기 자신에게 너무 엄격한 사람에게 Don't be so hard on yourself. 또는 Don't be too hard on yourself.라고 말합니다.

I was too hard on him. 내가 그에게 너무 심했어.
I'm sorry I was so hard on you. 너한테 모질게 한 거 미안해.

lock yourself in 안에서 문을 잠그다

lock *somebody* in은 '~를 가두다'란 뜻인데요. lock oneself in은 스스로 문을 잠근다는 말이니까 '안에서 문을 잠그다'란 의미입니다.

She locked herself in. 그녀가 안에서 문을 잠그고 안 나와.
I was locked in the closet. 나 옷장 안에 갇혔었어.

It serves *somebody* right. 그래도 싸지, 그거 고소하다

누군가가 잘못된 행동을 해서 결국 그 사람에게 나쁜 일이 일어났을 때, 그렇게 된 게 당연하다는 뜻으로 하는 말입니다. 상황에 따라 "그래도 싸다.", "그거 고소하다." 등의 의미가 됩니다.

She serves her right for being so selfish. 그렇게 이기적으로 굴더니 걔는 그래도 싸.

I got your back.
내가 있잖아

영화에서 보면 두 명의 주인공이 악당 여럿과 싸우게 되는 상황에서 한 명이 걱정 말라는 표정을 지으며 이렇게 말하죠. "I got your back." 상대방에게 힘든 일이 있거나 근심할 때 내가 있으니 걱정 말라는 뜻으로 하는 말입니다. 문법상으로는 I've got your back.이 맞지만 일상적으로 편하게 I got your back.이라고 말합니다. 때에 따라 "나만 믿어.", "내가 있잖아." 등의 의미가 됩니다.

Sister	Is that guy **picking on** you?
Brother	…Yeah.
Sister	**What grade is he in?**
Brother	He's a fourth grader. Same as me.
Sister	Let's go talk to your teacher, and Mom and Dad.
Brother	But **what if** he **holds a grudge** about me **telling on** him?
Sister	Don't be a coward. **I got your back.**
Brother	OK, then.

누나 쟤가 너 괴롭히니?
남동생 …응.
누나 쟤 몇 학년이야?
남동생 4학년. 나랑 같아.
누나 너희 선생님께도 말하고 엄마 아빠한테도 가서 말하자.
남동생 하지만 쟤가 자기 일렀다고 나한테 앙심 품으면 어떻게 해?
누나 겁쟁이처럼 굴지 마. 내가 있잖아.
남동생 알았어. 그럼.

pick on *somebody* ~를 괴롭히다

pick on *somebody*는 '~를 괴롭히다', '~를 못살게 굴다'란 뜻인데요. 형이나 오빠가 동생을 괴롭힐 때, 덩치 큰 애가 힘 없는 애를 괴롭힐 때, 직장 상사가 부하 직원에게 일부러 과한 업무를 주거나 괜한 트집을 잡으며 애 먹일 때 등의 상황에서 쓸 수 있어요.

Don't pick on your little brother. 동생 좀 괴롭히지 마.
Why don't you pick on someone your own size? 네 덩치에 맞는 사람을 괴롭히지 그래?

What grade is *somebody* in? ~는 몇 학년이야?

어른들이 아이에게 혹은 학생들끼리 처음 만났을 때 "너 몇 학년이니?"라고 묻곤 하는데요. 영어로는 What grade are you in?이라고 합니다. 예를 들어 "난 5학년이야."라고 대답할 때는 I'm a fifth grader. 또는 I'm in fifth grade.라고 합니다.

What if ~? 만약 ~하면 어떡해?

"만약 걔가 날 좋아하지 않으면 어쩌지?", "만약 비가 오면 어떡해?"처럼 어떤 상황에 대해 가정할 때 What if ~?를 씁니다. 주로 나쁜 일에 관해 얘기하는 경우가 많고, 때론 '~하는 건 어때?'라고 제안할 때 쓰기도 합니다.

What if she doesn't like my present? 만약 그녀가 내 선물을 안 좋아하면?
What if I give you 40 bucks? 제가 40달러 드리면 어때요?

hold a grudge 원한/앙심을 품다

grudge는 '악감정, 원한, 앙심'이라는 뜻인데요. 그래서 '원한을 품다'라고 할 때는 hold a grudge라고 합니다. 안 좋은 일을 잊지 않고 누군가에 대한 악감정을 계속 갖고 있다는 것은 '뒤끝이 있다'는 의미가 되기도 하죠. hold 대신 have나 (부정적인 감정을) '품다'라는 뜻의 동사 bear를 써도 됩니다.

I don't hold grudges. 나 뒤끝 없어.
Don't hold a grudge against anyone. 누구에게도 앙심 같은 거 품지 마.

tell on *somebody* ~를 일러바치다

시험 때 부정행위를 한 같은 반 아이나, 도자기를 깬 동생 등 잘못을 한 '~를 일러바치다'라고 할 때 tell on *somebody*라고 합니다.

I'm going to tell on you. 너 일러바칠 거야.
Don't tell on me. 나 이르지 마.

DAY 050

Are you seeing anyone?
너 만나는 사람 있어?

"너 사귀는 사람 있니?", "나 만나는 사람 있어." 이런 말을 할 때 쓰는 영어 표현
은 be seeing *somebody*입니다. '~와 사귀다/만나다'란 뜻이죠 . 그래서 Are
you seeing anyone?이라고 하면 "너 사귀는 사람 있니?"란 말이 됩니다.

ex Are you seeing someone else? 너 따로 만나는 사람 있니?
I'm seeing someone. 나 만나는 사람 있어.
How long have you been seeing him? 너 그와 얼마나 사귀었어?

Joe	Helen, **are you seeing anyone?**
Helen	Not for now. Why?
Joe	Lance **has a crush on** you. He wants to **ask you out.**
Helen	Lance? Well, he's not my type of guy.
Joe	He's a nice dude. **He's a keeper.**
Helen	I know he's nice, but…
Joe	But, what? **Don't play hard to get.**
Helen	It's not that. I'm just not attracted to him.

조	헬렌, 만나는 사람 있어?
헬렌	지금은 없는데. 왜?
조	랜스가 너 좋아한대. 너한테 데이트 신청하고 싶어 하던데.
헬렌	랜스? 글쎄, 걘 내 타입이 아니라서.
조	정말 좋은 녀석이야. 놓치면 안 될 사람이라고.
헬렌	걔가 좋은 사람이라는 건 알아, 그런데….
조	그런데 뭐? 너무 튕기지 마라.
헬렌	그게 아니고. 그냥 걔한테 끌리지가 않아.

128

have a crush on *somebody* ~를 좋아하다, 짝사랑하다

누구나 한 번쯤은 선생님이나 같은 반 친구를 짝사랑해 본 경험이 있을 거예요. 그럴 때 쓰는 표현이 have a crush on *somebody*입니다. '~를 좋아하다, 짝사랑하다'란 뜻인데요. 특히 상대방은 눈치채지 못하고 혼자 좋아할 때 많이 씁니다. 여기서 crush는 이성을 좋아하는 감정을 뜻하는데, 특히 잘 알지 못하는 이성에 대한 일시적인 감정을 말하는 경우가 많습니다.

I had a huge crush on him in high school. 나 고등학교 때 걔 엄청 좋아했었어.

He has a crush on you. 걔가 너 좋아해.

ask *somebody* out ~에게 데이트 신청을 하다

ask *somebody* out은 밖에서 함께 시간을 보낼지 물어본다는 의미에서 '~에게 데이트 신청을 하다'란 말이 됩니다.

Did you ask her out? 그녀에게 데이트 신청했니?

Why don't you ask her out? 그녀에게 데이트 신청하는 게 어때?

Just ask her out. 그냥 그녀에게 데이트 신청해.

I'm gonna ask her out. 그녀에게 데이트 신청할 거야.

He's a keeper. 놓치면 안 될 사람이야

자상하고 잘생겼는데 능력까지 좋은 남자, 착하고 예쁜데 내조까지 잘하는 여자, 이런 사람은 절대 놓치면 안 되겠죠. 이성 관계뿐만 아니라 친구나 지인 중에서도 너무 좋은 사람이라 오랫동안 곁에 두어야 할 사람을 keeper라고 합니다.

Maddy is such a wonderful person. She's a keeper.
매디는 진짜 좋은 사람이야. 놓치면 안 될 사람이라고.

Don't play hard to get. 튕기지 좀 마

이성에게 실제론 관심이 있으면서 관심 없는 척 행동하는 것을 play hard to get이라고 하는데요. 그래서 Don't play hard to get.이라고 하면 "튕기지 좀 마."란 말이 됩니다.

She knows I like her. She's just playing hard to get.
내가 자기 좋아하는 거 알아. 알면서 괜히 튕기는 거라니까.

1 그게 말처럼 쉽지 않아. (that's easier)

2 그 말 취소할게. (back)

3 이게 다 무슨 소용이야? (all this)

4 금방 돌아올게. (right)

5 네가 내 입장이 되어 봐. (shoes)

6 빨리 해치워 버리자. (over with)

7 우리 바람 좀 쐬자. (air)

8 너무 자책하지 마. (beat)

9 내가 있잖아. (back)

10 너 몇 학년이니? (grade)

11 난 뒤끝 없어. (grudges)

12 너 만나는 사람 있어? (anyone)

13 나 고등학교 때 그를 엄청 좋아했었어. (a huge crush)

14 그녀에게 데이트 신청할 거야. (ask)

15 팅기지 좀 마. (play)

DAY 051

I got dumped.

나 차였어

사귀던 사람을 찼다고 할 때 영어로는 '버리다'라는 뜻의 dump를 사용합니다. 물건을 내다버릴 때도 쓰지만 애인을 찰 때도 써요. I dumped him.은 "나 걔 차 버렸어.", She dumped me.는 "그녀가 날 찼어."입니다. 그리고 dump *somebody* for ~라고 하면 '~ 때문에 *somebody*를 차다'라는 뜻이 됩니다.

ex **Brad dumped Jennifer for Angelina.** 브래드가 안젤리나 때문에 제니퍼를 찼다.
He dumped her for being fat. 그는 뚱뚱하다고 그녀를 찼다.

Woman   You look like hell. What happened?

Man   **Long story short, I got dumped.**

Woman   Oh, no! Give me the details.

Man   Donna said she's leaving me for my own good.

Woman   What the?!? She's **full of shit**.

Man   I found out that she's been seeing someone else.

Woman   **She's toxic. I've been saying this all along.**

Man   **Just my luck.**

여자   너 몰골이 말이 아니네. 무슨 일이야?
남자   간단히 말해서, 나 차였어.
여자   어머나! 자세히 말해 봐.
남자   도나가 말하길 날 위해서 떠나는 거래.
여자   그게 뭐 개 같은?!? 거짓말하고 있네.
남자   알고 보니 다른 남자를 만나고 있었더라고.
여자   걘 독이 되는 여자라니까. 내가 누누이 얘기했잖아.
남자   나도 참 운도 지지리 없지.

long story short 긴 얘긴데 간단히 말하면, 본론만 말하면

처음부터 끝까지 다 얘기하자면 너무 길어질 것 같아서 '간단히 말하겠다', '본론만 말하겠다'고 할 때 long story short라고 합니다. briefly와 in a nutshell 도 같은 뜻으로 쓰여요.

Long story short, Heather and I decided not to have a baby.
본론만 말하면, 헤더랑 나는 아이를 안 갖기로 결정했어.

full of shit 거짓말쟁이

여기서 shit은 '거짓말', '허풍'이란 의미로 full of shit은 '거짓말로 가득한'이란 뜻입니다. 그래서 누군가에게 full of shit이라고 한다면, 그 사람은 '거짓말쟁이, 구라쟁이'란 말이 됩니다. 저속한 말이니 주의해서 사용하세요.

Don't trust Jack. He's full of shit. 잭을 믿지 마. 걔 완전 거짓말쟁이야.

She's toxic. 걘 독이 되는 사람이야

알고 지내서 좋을 것 하나 없는 사람, 여러모로 안 좋은 영향을 끼치는 사람을 두고 '독이 되는 사람'이라고 표현하는데요. 영어로는 '유독성의'라는 뜻의 단어 toxic을 써서 말합니다.

I've been saying this all along.
내가 처음부터 계속 말했잖아, 내가 누누이 얘기했잖아

all along은 '처음부터 줄곧', '내내'란 뜻인데요. 친구가 나쁜 일에 관련되거나, 악영향을 미치는 사람과 어울리는 것 같아 여러 번 만류했지만 자신의 말을 듣지 않아 결국 나쁜 결과가 발생했을 때 하는 말입니다.

Just my luck. 운도 지지리 없지, 내가 그렇지 뭐

간만에 도서관에 갔는데 하필 휴관일일 때, 힘들게 찾아간 맛집이 수리 중일 때, 사려고 한 물건이 품절됐을 때 등 운이 안 좋을 때 Just my luck.이라고 합니다.

DAY 052

We broke up.

우리 헤어졌어

연인과 헤어졌을 때 '(관계가) 깨졌다'라고 말하는 것처럼 영어에서도 break up이란 표현을 씁니다. 그리고 '~와 헤어지다'는 break up with *somebody*인데요. 주어에 해당하는 사람이 먼저 헤어지자고 한 사람이어서 I broke up with her.는 내가 먼저 헤어지자고 한 경우이고, She broke up with me.는 그녀가 먼저 헤어지자고 한 경우입니다. break up은 연인 사이 외에도 사업 파트너가 갈라섰거나 밴드가 해체했을 때도 사용합니다.

Natalie Hello?

Bruno Natalie, my love! I'm dying to **make out** with you.

Natalie Oh, gosh! You're **wasted**.

Bruno No, **I'm sober.** Should I come over now?

Natalie Bruno, **we broke up** last month.

Bruno We did? Really?

Natalie Yes. So, **don't drunk dial me!**

Bruno Burp. I feel like puking.

나탈리 여보세요?
브루노 내 사랑, 나탈리! 너하고 키스하고 싶어 죽겠어.
나탈리 아, 진짜! 너 술이 떡이 됐구나.
브루노 아니. 나 멀쩡해. 내가 지금 갈까?
나탈리 브루노, 우리 한 달 전에 헤어졌어.
브루노 우리가 헤어졌어? 정말?
나탈리 그래. 그러니까 술 마시고 전화하지 마!
브루노 우웩. 나 토할 것 같아.

make out 키스하다, 껴안고 애정 표현을 하다

뽀뽀보다 더 진한 게 키스라면 키스보다 더 진한 것은 making out이에요. make out은 서로 껴안고 어루만지며 아주 오랫동안 진하게 키스하는 것을 의미합니다. 키스가 남들이 보는 곳에서도 할 수 있는 수준의 스킨십이라면, making out은 주로 단둘이 있을 때 하죠. 이것을 한마디로 표현하기 어려워 그냥 '키스하다'로 해석하는 경우가 많습니다.

I saw them making out. 걔들이 키스하는 거 봤어.
You made out with him? 너 그와 키스했니?

wasted 술이 떡이 되다, 꽐라 되다

보통 술에 취했을 때는 drunk를 쓰지만, 술에 흠뻑 취했을 때는 wasted란 단어를 사용합니다. get wasted나 be wasted 형태로 써요.

I got too wasted last night. 나 어젯밤에 너무 취했었어.
You were completely wasted that night. 너 그날 밤 완전 꽐라 됐었어.
Let's get wasted tonight. 오늘 밤 흠뻑 취해 보자.

I'm sober. 나 정신 말짱해

미드나 영화에서 알코올 중독자가 맨정신일 때 자주 하는 말이 있어요. I'm sober now. "나 지금 맨정신이야.(나 술 안 마셨어.)"입니다. sober는 '술이나 약에 취하지 않은', '맨정신의'란 뜻입니다. 얼마 동안 술을 끊었다고 할 때는 sober 앞이나 뒤에 기간을 넣어 말합니다. "나 6개월 동안 술 끊었어."는 I've been sober six months. 또는 I'm six months sober.라고 하고, "나 1년 동안 술 끊었어."는 I've been sober one year. 또는 I'm one year sober.라고 합니다.

We should talk tomorrow when you're sober. 너 맨정신일 때 내일 얘기하는 게 좋겠다.
He is a nice guy when he is sober. 그가 맨정신일 때는 좋은 사람이야.

Don't drunk dial me. 술 먹고 전화하지 마

술만 취하면 헤어진 연인한테 전화하고 다음 날 후회하는 사람들이 있죠. 이렇게 술 취해서 전화하는 걸 drunk dial이라고 합니다. 덤으로 바지 뒷주머니에 있던 휴대 전화가 제멋대로 눌려서 전화가 걸리는 것을 pocket dial 또는 butt dial이라고 해요.

135

Are you mad at me?
너 나한테 화났니?

be mad at *somebody*는 '～에게 화나다'란 뜻으로 일상생활에서는 angry보다 mad가 더 많이 사용됩니다. get mad는 '화내다'가 됩니다. I'm not mad at you.는 "나 너한테 화 안 났어.", Don't get mad.는 "화내지 마."입니다.

ex **Why are you mad at me?** 너 왜 나한테 화났니?
What are you so mad about? 너 뭐 때문에 그렇게 화난 거야?

Wife	Go get your own dinner.
Husband	**Are you mad at me?**
Wife	No.
Husband	**It's written all over your face.**
Wife	I told you not to leave your socks inside out when you take them off.
Husband	Do you know you get **wound up** about every little thing?
Wife	Every little thing? That's how you take it, huh?
Husband	Listening to your complaints **is getting old.** I **take a lot from** you, too.

아내	저녁 당신이 알아서 챙겨 먹어.
남편	나한테 화났어?
아내	아니.
남편	얼굴에 다 써 있는데, 뭐.
아내	내가 양말 뒤집어서 벗어 놓지 말라고 말했을 텐데.
남편	당신, 사사건건 별것도 아닌 일에 신경 곤두세우는 거 알아?
아내	사사건건 별거 아닌 일? 그런 식으로 받아들인다 이거지?
남편	당신 불평불만 듣는 것도 이제 신물 나. 나도 참는 거 많거든.

It's written all over your face. 네 얼굴에 다 써 있어

"너 좋은 일 있구나.", "어떻게 알았어?", "네 얼굴에 다 써 있어." 이렇게 좋은 일이나 나쁜 일이 생기면 그 기분이 표정에 다 드러나는 사람에게 "네 얼굴에 다 써 있어."라고 말하죠. 영어로도 똑같이 It's written all over your face. 또는 It's written on your face.라고 합니다.

His anger was written all over his face. 걔 화났다고 얼굴에 다 쓰여 있더라.

wound up 신경을 곤두세우는

시험 전에 몹시 긴장하거나, 마음에 걸리는 일이 있어 신경이 쓰이거나, 어떤 이유로든 신경이 곤두서 있다고 할 때 쓰는 표현입니다. 무엇에 대해 신경이 곤두서 있다고 말할 때는 뒤에 about ~을 넣으면 됩니다.

My wife got so wound up. I had a hard time calming her down.
아내가 신경을 하도 곤두세우는 바람에 진정시키는 데 애먹었다니까.

~ is getting old ~가 질린다, 지겹다

get old는 '나이가 든다, 늙다'란 뜻도 있지만, 상대방의 습관적인 언행이 어느 순간 지긋지긋해지거나, 늘 하던 일이 지겹게 느껴질 때 역시 ~ is getting old 또는 ~ gets old라고 표현합니다. 반대로 '절대로 질리지 않는다'라고 말할 때는 ~ never gets old라고 합니다.

Eating fast food every day is getting old. 매일 인스턴트 음식 먹는 것도 이젠 지겹다.

take a lot from *somebody* ~를 많이 참아 주다

take의 수많은 뜻 중에 '참다'란 뜻이 있어서 "그 사람 더 이상 못 참아주겠다."라고 할 때 I can't take him anymore.라고 하는데요. 이와는 반대로 '~를 많이 참아 준다'고 할 때는 take a lot from *somebody*라고 합니다.

I took a lot from you. I won't take it anymore. 내가 너 많이 참아 줬어. 이제 더는 안 참을 거야.

I've been worried sick.

걱정돼 죽는 줄 알았어

무엇이 매우 걱정될 때 "걱정돼 죽겠어."라고 말하듯이 영어로는 worried sick 이라고 합니다. 그래서 어떤 사람이나 어떤 일이 매우 걱정되어 노심초사했을 때는 I've been worried sick. 또는 I was worried sick.이라고 합니다. 뒤에 사람을 넣어서 I've been worried sick about you.라고도 합니다.

ex **We've been worried sick.** 우리 걱정돼 죽는 줄 알았어.
Your parents were worried sick about you. 너희 부모님이 네 걱정 엄청 하셨어.

Son	Mom, **where have you been? I've been looking all over for you.**
Mom	I went hiking on Mount Bookhan. I forgot my phone.
Son	**I've been worried sick.**
Mom	Sorry. **It took me longer than I thought.**
Son	Gosh, **I'm so relieved.** Don't do this to me again, Mom.
Mom	I won't.
Son	Aren't you tired?
Mom	I'm exhausted. I **dozed off** on the bus on the way back.

아들	엄마, 어디 가셨었어요? 한참 찾으러 다녔잖아요.
엄마	등산하러 갔었지. 내가 깜빡하고 전화를 놓고 갔다.
아들	걱정돼 죽는 줄 알았어요.
엄마	미안하구나. 생각보다 오래 걸렸지 뭐니.
아들	아이고, 이제야 마음이 놓이네. 엄마, 다시는 이러지 마세요.
엄마	안 그럴게.
아들	안 피곤하세요?
엄마	기진맥진해 죽겠어. 돌아오는 길에 버스 안에서 꾸벅꾸벅 졸았단다.

Where have you been? 어디 갔었어?

찾거나 연락이 안 되던 사람을 마침 만나게 되면 "어디 갔다 왔니?", "어디 있었어?"라고 묻잖아요. 마찬가지로 영어로도 Where have you been?이나 Where were you?라고 묻습니다.

I've been looking all over for you. 너 한참 찾았잖아

여기저기 한참 찾던 사람을 마침내 만나게 되었을 때 '온통, 곳곳'이란 뜻의 all over를 써서 I've been looking all over for you.라고 합니다. "온통 널 찾아다녔잖아.", "널 찾으러 여기저기 안 가 본 데가 없어." 란 의미입니다. 그동안 계속 찾았다는 의미로 현재완료 진행형 형태로 말합니다.

It took me longer than I thought. 생각보다 오래 걸렸어

무엇이 생각보다 오래 걸렸다고 할 때 쓰는 표현인데요. 그냥 시간이 엄청 오래 걸렸다고 할 때는 It took me forever.라고 해도 됩니다. '내 생각보다'란 뜻의 than I thought를 패턴으로 해서 다양한 문장을 만들 수 있습니다.

It's further than I thought. 생각보다 머네.
It's harder than I thought. 생각보다 어렵네.
It's worse than I thought. 생각보다 더 안 좋네.
You're taller than I thought. 생각보다 키가 크시네요.

I'm so relieved. 이제 안심이다, 다행이다

일이 잘못된 게 아닌지 순간적으로 걱정했다가 그렇지 않음을 알고 안심할 때 쓰는 안도의 표현입니다. 같은 의미로 What a relief!라고 해도 됩니다.

doze off 졸다

졸음을 이기지 못해 잠시 졸았다는 표현으로 doze off를 씁니다. 졸 때 고개가 앞뒤로 꾸벅꾸벅 흔들린다고 해서 nod off라고도 해요.

Are you dozing off? 너 조는 거야?

Why the long face?

왜 시무룩한 얼굴을 하고 있어?

사람이 울상을 하면 눈꼬리와 입이 축 쳐지잖아요. 그래서 long face는 '슬픈 얼굴'을 뜻하고, Why the long face?는 "왜 시무룩한 얼굴을 하고 있니?", "왜 우울한 얼굴 하고 있니?"란 말입니다.

Bob	Abby, **why aren't you taking my calls?**
Abby	Because I can't.
Bob	Did something happen? **Why the long face?**
Abby	I left my phone in my jacket when I washed it.
Bob	You're such a careless person. **I'm telling you.**
Abby	**I hate it when** I do these things to myself.
Bob	**Suck it up** and buy a new one.

밥   애비, 너 왜 내 전화 안 받아?

애비   받을 수가 없으니까.

밥   무슨 일 있어? 왜 그렇게 시무룩해?

애비   재킷 주머니에 전화기를 넣어 둔 채로 빨래를 했어.

밥   하여간 어째 그리 조심성이 없냐. 정말이지.

애비   내가 나한테 이런 짓을 할 때마다 나도 진짜 싫다.

밥   그냥 받아들이고 새로 하나 사.

Why aren't you taking my calls? 왜 내 전화 안 받아?

전화를 계속 안 받던 상대방과 겨우 통화가 되었거나 만나게 되었을 때 쓰는 표현입니다. take phone calls는 '전화를 받다'란 뜻이에요. 이외에 Why aren't you picking up? 또는 Why aren't you answering me? 라고 해도 됩니다. 상대방이 일부러 연락 두절하고 피하는 것 같을 때는 '잠수 타다'란 뜻의 슬랭 ghost를 써서 Why are you ghosting me?라고 할 수도 있습니다.

I'm not taking his calls. 걔한테서 온 전화는 안 받아.

I'm telling you. 정말이지, 진짜야

"정말이지, 너 이거 후회할 거야.", "정말이지, 걔가 그랬다니까.", "정말이지, 이게 그렇게 쉬운 게 아니야." 이렇게 '정말이지 ~라니까', '정말로 ~가 맞다니까'라며 자신의 주장을 강조할 때 문장 앞에 I'm telling you,를 붙여서 말합니다. I'll tell you what.과 I can tell you.도 같은 용도로 쓰입니다.

I'm telling you, I heard something. 정말이지, 무슨 소리를 들었어.
I'm telling you, you're gonna love it. 정말이지, 네 마음에 쏙 들 거야.

I hate it when ~ 난 ~할 때 너무 싫어

"난 네가 욕할 때 너무 싫어.", "난 여자들이 그럴 때 너무 싫어."처럼 '난 ~할 때가 너무 싫어'라고 할 때는 I hate it when ~이라고 합니다. 가끔 it을 생략하고 말하는 경우도 있어요.

I hate it when you talk like that. 난 네가 그렇게 말할 때 너무 싫어.
I hate it when he does that. 난 그가 그럴 때 너무 싫어.
I hate it when people cheat. 난 사람들이 속일 때 제일 싫어.

suck it up 참고 받아들이다, 감수하다

힘들거나, 언짢거나, 또는 만족스럽지 않은 상황에서 원치 않더라도 받아들여야 하는 경우 suck it up을 쓰는데요. '불평 않고 받아들이다', '참고 받아들이다'란 의미입니다. 비슷한 표현으로 deal with it이 있습니다.

1 나 차였어. (dump)

2 그는 완전 거짓말쟁이야. (shit)

3 내가 처음부터 계속 말했잖아. (all along)

4 우리 깨졌어. (up)

5 나 6개월 동안 술 끊었어. (sober)

6 술 먹고 전화하지 마. (dial)

7 너 나한테 화났니? (mad)

8 네 얼굴에 다 써 있어. (all over)

9 걱정돼 죽는 줄 알았어. (sick)

10 어디 갔다 왔어? (where)

11 너 한참 찾았잖아. (all over)

12 나 졸았어. (off)

13 왜 시무룩한 얼굴을 하고 있어? (long)

14 왜 전화 안 받아? (take)

15 난 네가 그렇게 말할 때 너무 싫어. (hate)

정답 **1** I got dumped. **2** He's full of shit. **3** I've been saying this all along. **4** We broke up. **5** I've been sober six months. / I'm six months sober. **6** Don't drunk dial me. **7** Are you mad at me? **8** It's written all over your face. **9** I've been worried sick. **10** Where have you been? **11** I've been looking all over for you. **12** I dozed off. **13** Why the long face? **14** Why aren't you taking my calls? **15** I hate it when you talk like that.

I'm not in the mood.
나 그럴 기분 아니야

친구들이 클럽에 간다며 들떠 있는데 나는 그럴 기분이 아니거나, 애인이 분위기를 잡는데 나는 그럴 기분이 아닐 때가 있잖아요. in the mood (for *something*/ to do *something*)은 '~할 기분이다'란 뜻인데요. 긍정문보다는 부정문 not in the mood 형태로 쓰일 때가 더 많습니다.

ex **I'm not in the mood for jokes right now.** 지금 농담할 기분이 아니야.
He's not in the mood to talk. 걔 말할 기분이 아니야.
I'm not in the mood to make love. 너랑 잘 기분 아니야.

Girlfriend	Should we go bowling?
Boyfriend	**I'm not in the mood.**
Girlfriend	You seem upset.
Boyfriend	My boss **drives me nuts** these days.
Girlfriend	Bosses are bosses. **Don't sweat it.**
Boyfriend	I'm going to quit.
Girlfriend	**I wouldn't do that if I were you.**
Boyfriend	**The thing is,** he's not fair to me.

여자 친구	볼링 치러 갈까?
남자 친구	그럴 기분 아니야.
여자 친구	너 화난 것 같다.
남자 친구	요새 직장 상사 때문에 환장할 것 같아.
여자 친구	직장 상사들이 다 그렇지, 뭐. 걱정하지 마.
남자 친구	때려치울래.
여자 친구	내가 너라면 안 그러겠는데.
남자 친구	문제는 그 사람이 나를 차별한다는 거야.

drives me nuts 사람 환장하게 만들다

구어체에서 nuts는 crazy와 마찬가지로 '미친, 정신 나간'이란 뜻인데요. ~ drives me nuts라고 하면 '~가 날 환장하게 하다'란 말이 됩니다.

My son drives me nuts. 아들놈 때문에 내가 미치겠어.
Are you nuts? 너 제정신이야?

Don't sweat it. 걱정 마, 신경 쓰지 마

"걱정하지 마."를 영어로 표현하면? Don't worry.이죠. 원어민들은 같은 의미로 Don't sweat it.도 많이 씁니다. sweat은 '땀', '땀 흘리다'란 뜻으로, 땀 흘리지 말란 말은 곧 "걱정하지 마."란 의미가 되는 거죠. 덤으로 No sweat.과 No worries.는 No problem.처럼 "별거 아냐.", "문제없어.", "천만에.", "괜찮아."란 뜻입니다.

I wouldn't do that if I were you. 내가 너라면 그러지 않을 거야

If I were you, I would ~는 '내가 너라면, 난 ~할 거야'란 뜻이고, If I were you, I wouldn't ~는 '내가 너라면, 난 ~안 할 거야'란 뜻인데요. 순서를 바꿔서 if I were you가 문장 뒤쪽에 오기도 합니다. 특히 I wouldn't do that if I were you.는 상대방이 어떤 행동을 하지 못하도록 경고하거나 주의를 줄 때 많이 씁니다.

I'd get another job if I were you. 내가 너라면 다른 일자리 구할 거야.
I wouldn't worry about it if I were you. 내가 너라면 그 걱정 안 할 거야.
If I were a rich man, I would buy a yacht. 내가 갑부라면 요트를 사겠어.

---

the thing is ~ 중요한 건 ~, 실은 ~, 문제는 ~

"많은 사람이 대학을 가. 중요한 건 거기서 뭘 얻느냐는 거야.", "나도 자동차 사고 싶어. 문제는 나 아직 면허가 없어.", "실은 나 몇 군데 성형했어. 네가 싫어할까 봐 말 못 했어." 이렇게 대화 중 이야기의 핵심이나 문제점, 중요한 사실을 말할 때 The thing is라고 합니다. 문맥에 따라 '중요한 건', '문제는', '실은'이란 뜻이 됩니다.

I need a car, but the thing is, I can't afford it. 차가 필요하긴 한데, 문제는 그럴 돈이 없다는 거야.

Don't get me wrong.

오해하지는 마

get *somebody* worng은 '~를 오해하다', '~의 뜻을 잘못 이해하다'란 뜻인데요. 내가 하려는 말에 대해 상대방이 오해할 가능성이 있을 때 그 말을 하기 전에 Don't get me wrong.이라고 합니다.

ex Don't get me wrong. I'm just too full to eat anymore.
오해는 하지 마. 그냥 배가 너무 불러서 더 못 먹겠어.

That's not what I meant. You got me wrong.
난 그런 뜻으로 한 말이 아니야. 네가 오해한 거야.

I guess I got you wrong. I thought you meant today.
내가 네 말을 잘못 이해한 것 같아. 난 네가 오늘을 말한 줄 알았어.

Nancy Andy! **How's it going?**

Andy Not good. Barbara rejected me.

Nancy You didn't confess your love to her, did you?

Andy I did. And she **blew me off**.

Nancy Of course, she did. **She's out of your league.**

Andy Even you think that way, huh?

Nancy **Don't get me wrong.** I didn't mean you're not attractive.

Andy **The truth hurts.**

낸시 앤디! 어떻게 지내?

앤디 안 좋아. 나 바바라한테 거절당했어.

낸시 설마 걔한테 좋아한다고 고백한 건 아니지, 그치?

앤디 고백했어. 날 아주 생까던데.

낸시 당연히 생까지. 걔는 네가 넘볼 수 있는 여자가 아니야.

앤디 너마저도 그렇게 생각하는구나, 응?

낸시 오해하지는 마. 네가 매력 없다는 말은 아니야.

앤디 진실은 늘 아픈 법이지.

How's it going? 어떻게 지내?

"어떻게 지내?"란 의미로 가장 많이 쓰는 인사 표현 중 하나예요. 어떤 일이 잘 진행되고 있는지 물어볼 때 "어떻게 되어 가?"란 의미로도 씁니다. 인사에 대한 답은 Good. / Great. / Not so good. 등 다양합니다. How's it going with ~?로 '~와는 잘돼 가?', '~는 어떻게 되어 가?'란 의미로도 쓸 수 있습니다. How's your day going?이라고 하면 "오늘 하루는 어때?"란 뜻의 인사 표현이 됩니다.

blow *somebody/something* off
~를 외면하다/생까다/차다, ~에 참석하지 않다(제치다/째다)

한마디로 무엇을 하찮게(중요하지 않게) 대하는 것을 의미하는데요. 상황에 따라서 '외면하다', '생까다', '(이성을)차다', '~에 참석하지 않다' 등 여러 의미로 사용됩니다.

I got her everything she wanted and then she blew me off.
걔가 원하는 걸 다 해 줬더니 날 외면해.
How could he just blow me off? 그가 어떻게 날 그냥 생깔 수가 있지?
Let's blow this class off. 이번 수업 제치자.

She's out of your league. 네가 넘볼 여자가 아니야

out of *somebody*'s league는 '~에게 과분한'이란 뜻이에요. 평범한 친구가 재벌이나 연예인 같은 사람에게 관심을 보일 때 He's out of your league.라고 하면 "네가 넘볼 남자가 아니야.", "네가 못 오를 나무야."란 뜻이 됩니다. 그리고 She's out of my league.라고 하면 "그녀는 내가 넘볼 여자가 아니야."란 말입니다.

The truth hurts. 진실은 아픈 법이야

내가 만든 음식이 맛없어서 못 먹겠다고 하거나, 내가 너무 못생겨서 이성으로 안 느껴진다는 말 등 사실이긴 하지만 상처 받을 만한 얘기를 들었을 때 하는 말입니다. 본인이 스스로에게 말할 수도 있고 상대방이 할 수도 있습니다.

You have my word.
내 말 꼭 지킬게

have *somebody*'s word는 '~로부터 말을 꼭 지키겠다는 다짐을 받다'라는 뜻이어서 You have my word.는 "내 말 꼭 지킬게."라는 말입니다. 같은 의미로 I give you my word.라고 해도 됩니다.

Woman	Oh, no! **Speak of the devil.**
Loan shark	Hey, pretty! It's time to pay.
Woman	Please give me a couple more days.
Loan shark	Look. I'm a loan shark, not Mother Teresa.
Woman	I can **pay you back** Thursday. **You have my word.**
Loan shark	**You better not** run away.
Woman	**I wouldn't dream of it. Cross my heart.**
Loan shark	Thursday is your deadline.

여자	어떡해! 호랑이도 제 말 하면 온다더니.
사채업자	어이, 예쁜이! 돈 갚을 때가 됐습니다요.
여자	제발 며칠만 더 기다려 주세요.
사채업자	이봐. 나는 사채업자지, 테레사 수녀가 아니야.
여자	목요일에 갚을 수 있어요. 약속 드릴게요.
사채업자	도망은 안 가는 게 좋을걸.
여자	그럴 생각 추호도 없어요. 맹세해요.
사채업자	목요일까지가 기한이야.

Speak of the devil. 호랑이도 제 말 하면 온다더니

어떤 사람에 대한 얘기를 하고 있는데 마침 그 사람이 나타났을 때 우리는 "호랑이도 제 말 하면 온다더니."라고 말하죠. 원어민들은 호랑이가 아닌 '악마'라는 뜻의 단어 devil을 써서 Speak of the devil.이라고 합니다. 원래 Speak of the devil, and he will appear.인데, 이를 줄여서 그렇게 말합니다.

pay *somebody* back ~에게 빌린 돈을 갚다

'~에게 빌린 돈을 갚다'라고 할 때는 pay *somebody* back을 쓰는데요. pay back은 받은 만큼 되갚아 준다는 의미에서 '복수한다'고 할 때 쓰기도 합니다. 그리고 '(빌린 물건이나 뺏어 간 물건을) 돌려주다'라고 할 때는 give *somebody* back을 씁니다.

I'm saving my money to pay her back. 걔한테 갚으려고 돈 모으는 중이야.
Give me back my bag. 내 가방 돌려줘.

You better not. 그러지 않는 게 좋을 거야

You better ~는 '너 ~하는 게 좋을 거야', You better not ~은 '너 ~하지 않는 게 좋을 거야'란 뜻인데요. 상대방이 잘못된 행동이나 허튼 행동을 할 것 같을 때 그러지 않는 게 좋을 거라고 미리 경고하는 의미로 You better not.을 씁니다.

You better hurry. 서두르는 게 좋을 거야.
You better watch out. 조심하는 게 좋을 거야.
You better not tell anyone. 아무한테도 말하지 않는 게 좋을 거야.

I wouldn't dream of it. 추호도 그럴 생각 없다

내가 허튼 행동이나 생각을 할 거라 생각하는 상대방을 안심시킬 때 쓰는 표현입니다. 상황에 따라 "그건 꿈도 안 꿔.", "그럴 리가 있겠어.", "그걸 말이라고 해."라는 뜻이 됩니다. 생각조차 안 한다는 뜻에서 I don't even think about it.이라고 말하기도 합니다.

Cross my heart. 맹세해

Cross my heart and hope to die.(가슴에 십자가를 긋고, 죽어도 좋다.)를 줄여서 보통 Cross my heart.라고 하는데요. '내 말이 사실이 아니면 죽어도 좋다'란 뜻으로, 자신의 말이 진실임을 강조하며 맹세할 때 사용합니다. 비슷한 표현으로 I swear on my mother's grave.가 있습니다.

Cross your heart? 가슴에 십자가 긋고 맹세해?
Cross your heart. 가슴에 십자가 긋고 맹세해.

DAY 059

I don't buy it.

나 그거 안 믿어

buy를 단지 '사다'란 뜻으로만 알고 계셨나요? buy는 구어체에서 믿기지 않는 거짓말 같은 얘기를 '믿다'라는 뜻으로도 쓰여요. 그래서 "난 그 말 안 믿어."는 I don't buy it. 또는 I'm not buying it.으로 표현합니다. 주어가 1인칭이 아니어도 She'll never buy that story.(그녀는 그 얘길 믿지 않을 거야.), Did you buy that for one second?(너 그걸 잠깐이라도 믿었던 거야?) 이런 식으로 쓸 수 있습니다.

Katelin	Evan, I went to a fortune teller.
Evan	**Here we go again.**
Katelin	She knew I divorced three times. **I got goose bumps.**
Evan	I don't buy it.
Katelin	I want to take you there. When can you go?
Evan	No thanks. **Not a chance.**
Katelin	Then keep her business card. **Just in case.**
Evan	**Knock it off**, Katelin.

케잇린	에반, 나 점쟁이한테 다녀왔어.
에반	또 시작이군.
케잇린	내가 세 번 이혼한 걸 맞히더라고. 나 닭살 돋았잖아.
에반	난 그런 거 안 믿어.
케잇린	너도 내가 데려갈게. 언제 갈 수 있어?
에반	됐네요. 거기 갈 일은 절대로 없을 거야.
케잇린	그럼 명함이라도 가지고 있어. 혹시 모르니까.
에반	그만해라, 케잇린.

Here we go again. 또 시작이군

잔소리나 신세 한탄 등 상대방의 나쁜 습관이나 행동이 또 시작될 때 Here we go again.이라고 말하며 핀잔을 주는데요. "또 시작이네.", "또 시작이군."이란 뜻입니다. 같은 의미로 "얘 또 시작이네."라고 할 때는 There he goes again. 또는 There she goes again.이라고 합니다.

I got goose bumps. 나 소름 돋았어, 나 닭살 돋았어

공포 영화를 보고 소름이 돋거나, 날씨가 너무 추워서 닭살이 돋을 때는 '소름, 닭살'이란 뜻의 goose bumps를 써서 get goose bumps 또는 ~ give *somebody* goose bumps라고 표현합니다.

I'm getting goose bumps.　나 지금 소름 돋아.
That movie gave me goose bumps.　그 영화 너무 무서워서 닭살이 다 돋더라.

Not a chance. 그럴 일은 없어

상대방의 질문이나 요청에 대해 절대 그럴 일은 없을 거라며 강하게 부정할 때 Not a chance.라고 합니다. 여기서 chance는 '가능성'의 의미로 '절대 그럴 가능성은 없다'는 뜻이죠. 같은 의미로 No chance. 또는 Fat chance.라고 해도 됩니다.

just in case 만약을 대비해서, 혹시 모르니까

just in case는 '만약을 대비해서', '혹시 모르니까'란 뜻으로 쓰여요. '~할 경우를 대비해서'라고 구체적인 내용을 말할 때는 just in case ~ 또는 in case ~ 형태로 사용합니다.

Take an umbrella, just in case.　우산 가져가. 혹시 모르니까.
I'll make some sandwiches, just in case we get hungry.
내가 샌드위치 좀 만들게. 혹시 배고플 수도 있으니까
I made a reservation, just in case.　내가 예약했어. 혹시 모르니까.

Knock it off. 그만 좀 해

일하는데 곁에서 누가 정신 없게 할 때, 통화하는데 누군가 시끄럽게 할 때, 아이들이 다투며 소란을 피울 때, 이렇게 시끄럽거나 어수선하게 하는 사람에게, 혹은 다투는 사람에게 그만 멈추라고 할 때 쓰는 표현입니다.

Knock it off. You're getting on my nerves.　그만 좀 해. 신경 거슬리니까.

Would I lie to you?
내가 너한테 거짓말하겠니?

would는 '하겠다'는 의지를 나타내는 조동사이고, lie to *somebody*는 '~에게 거짓말하다'란 뜻입니다. 그래서 Would I lie to you?라고 하면 "내가 너한테 거짓말하겠니?"란 말이 됩니다.

ex Why would I lie to you? 내가 왜 너한테 거짓말하겠니?
Don't lie to me. 나한테 거짓말하지 마.

Woman	Mr. Miller. I've got a fantastic investment plan for you.
Mr. Miller	What is it? **Fill me in.**
Woman	If you invest $10,000 now, we guarantee a 30 percent profit annually.
Mr. Miller	It sounds **too good to be true.**
Woman	It's only for seniors over 80. **What do you say?**
Mr. Miller	It's not a scam, is it?
Woman	Mr. Miller, **would I lie to you?**
Mr. Miller	OK. **I'm down.**

여자	밀러 씨, 밀러 씨를 위한 환상적인 투자 상품이 있는데요.
밀러 씨	뭔데 그러나? 자세히 말해 보게.
여자	지금 만 달러를 투자하시면 연 30% 수익을 보장해 드립니다.
밀러 씨	너무 좋은 얘기라 믿기지 않는구먼.
여자	80세 이상의 노인분들만을 위한 상품이에요. 어떻게 하시겠어요?
밀러 씨	사기는 아니겠지, 그치?
여자	밀러 씨, 제가 밀러 씨께 거짓말을 하겠어요?
밀러 씨	좋아. 그렇게 하겠네.

Fill me in. 자세히 말해 봐

fill *somebody* in은 '~에게 무엇에 대한 더 상세한 정보를 주다'란 뜻인데요. 그래서 내가 잘 모르는 일에 관해 자세히 말해 보라고 할 때 Fill me in.이라고 합니다. Give me the details.와 같은 의미입니다.

I didn't hear that much about the accident. Fill me in.
그 사고에 대해 별로 들은 얘기가 없어. 자세히 좀 말해 봐.

too good to be true 너무 좋은 얘기라 믿기지 않는다

'놀면서 돈 버는 직장', '위험률 제로의 고수익 투자 상품', 이렇게 사실이라고 믿기엔 조건이 너무 좋은 얘기를 들었을 때 놀라움을 나타내는 표현입니다. 때로는 믿기지 않아 의심할 때 쓰기도 합니다.

You won a free airplane ticket? It sounds too good to be true.
공짜 비행기 표를 얻었다고? 너무 좋은 일이라 믿을 수가 없네.

What do you say? (네 생각은) 어때?

상대방에게 어떤 제안을 하고 나서 "네 생각은 어때?"라고 상대의 의견을 묻는 표현입니다. '우리 ~하는 게 어때?'란 의미로 What do you say we ~? 형식으로 쓰기도 합니다. 또한 아이에게 예의를 가르치는 차원에서 "Thank you." 등의 말을 이끌어내기 위해 "이럴 땐 뭐라고 해야 하지?"란 의미로 부모님들이 What do you say?라고 말하기도 합니다.

Let's eat out today. What do you say? 오늘 외식하자. 어때?
What do you say we go home? 우리 집에 가는 게 어때?

I'm down. 좋아, 나도 함께할게, 난 콜

상대방의 제안에 동의하거나 함께하겠다고 할 때 I'm down with that.을 줄여서 I'm down.이라고 말합니다. down for ~ 형태로도 사용해서 I'm down for whatever.라고 하면 "난 뭐든 콜이야."란 뜻이 됩니다.

A Who wants to go skateboarding with me? 나랑 스케이트보드 타러 갈 사람?
B I'm down. 나는 콜.

1 나 그럴 기분 아니야. (mood)

2 걱정하지 마. (sweat)

3 내가 너라면 그러지 않을 거야. (would)

4 오해하지는 마. (wrong)

5 이번 수업 제치자. (blow)

6 네가 넘볼 여자가 아니야. (league)

7 진실은 아픈 법이야. (truth)

8 내 말 꼭 지킬게. (you have)

9 호랑이도 제 말하면 온다더니. (devil)

10 맹세할 수 있어. (heart)

11 나 그거 안 믿어. (buy)

12 나 소름 돋았어. (goose)

13 그만 좀 해. (knock)

14 내가 너한테 거짓말하겠니? (lie)

15 자세히 말해 봐. (fill)

정답 **1** I'm not in the mood. **2** Don't sweat it. **3** I wouldn't do that if I were you. **4** Don't get me wrong. **5** Let's blow this class off. **6** She's out of your league. **7** The truth hurts. **8** You have my word. **9** Speak of the devil. **10** Cross my heart. **11** I don't buy it. / I'm not buying it. **12** I got goose bumps. **13** Knock it off. **14** Would I lie to you? **15** Fill me in.

You wanna bet?

내기 할래?

친구와 서로 자기 말이 맞다고 주장하다가 결국에는 "그럼 내기 할래?"라고 할 때가 있죠. 그럴 때는 (Do) you want to bet?이라고 합니다. 더 짧게 Wanna bet?이라고 해도 됩니다. 그리고 "얼마 내기 할래?"는 How much do you wanna bet?이라고 합니다.

Woman	I saw John doing ten one-armed push-ups. He's in shape.
Man	I can do that easy. **It's a piece of cake.**
Woman	**Cut the crap.** I know you can't.
Man	**You wanna bet? I'm not bluffing.**
Woman	**Ten bucks says** you can't even do five.
Man	I'll bet you dinner.
Woman	**You're on.**

여자	존이 한 팔로 팔 굽혀 펴기 열 개 하는 걸 봤어. 몸 좋더라.
남자	그건 나도 거뜬히 한다. 그 정도는 누워서 떡 먹기지.
여자	쓸데없는 소리 집어치워. 못 하는 거 다 알아.
남자	내기 할래? 뻥 아니라니까.
여자	다섯 개도 못 한다에 10달러 건다.
남자	난 저녁을 걸게.
여자	좋아.

It's a piece of cake. 누워서 떡 먹기지

어떤 일을 거뜬히 할 수 있다는 자신감을 나타낼 때 '누워서 떡 먹기', '식은 죽 먹기'라고 하는 것처럼, 영어로는 누구나 거뜬히 먹을 수 있는 케이크 한 조각에 빗대어 a piece of cake이라고 합니다. 미국인들이 좋아하는 파이를 써서 (as) easy as pie라고 말하기도 합니다.

Packing is a piece of cake for me. 이삿짐 싸는 건 나한테 식은 죽 먹기지.
That's (as) easy as pie. 그건 식은 죽 먹기야.

Cut the crap. 쓸데없는 얘기 집어치워

아이에게 시험 성적을 물어봤는데 계속 딴 얘기만 하거나, 친구에게 여자친구와 어떻게 사귀게 되었냐고 물었는데 짝사랑한 얘기만 한참동안 할 때 등 이렇게 상대방이 불필요한 얘기를 장황하게 할 때 Cut the crap.이라고 하는데요. 여기서 crap이 '허튼소리'를 뜻하기 때문에 "헛소리 그만해.", "쓸데없는 얘기 집어치워."란 말이 됩니다.

I'm not bluffing. 나 뻥 아니야, 나 허풍 아니야

카드 게임에서 아무것도 없으면서 높은 패를 가지고 있는 척하거나, 아는 사람도 별로 없는데 대단한 인맥이 있는 것처럼 말하거나, 서울을 불바다로 만들겠다고 큰소리치거나, 이렇게 없으면서 있는 척, 안 할 거면서 하는 척 등 상대방이 속게끔 말하거나 행동할 때 '허풍을 치다'란 단어 bluff를 써서 말합니다.

I knew you were bluffing. 네가 허풍 떠는 거 다 알고 있었어.
He wouldn't really tell her. He's just bluffing.
그녀에게 정말로 말하진 않을 거야. 그냥 큰소리만 치는 거야.

Ten bucks says ~ ~라는 데 10달러 건다

buck은 구어체에서 dollar 대신 많이 쓰는 표현인데요. Ten bucks says ~라고 하면 '~라는 데 10달러 건다'라는 말이 됩니다. 하지만 실제로 내기를 걸기보다는 자신의 생각이 맞다는 것을 강조할 때 주로 사용합니다. Ten bucks says 뒤에 자신이 확신하는 것을 말하면 됩니다. 꼭 10달러가 아니라 다른 금액으로 말해도 됩니다.

Twenty bucks says you're wrong. 네가 틀렸다는 데 20달러 건다.

You're on. 좋아, 그러자

내기, 거래, 도전 등 상대의 제안을 받아들일 때 하는 말입니다. 같은 표현으로 It's a deal.도 있습니다.

A I'll bet you fifty bucks that I'll win this ping pong game.
이번 탁구 경기에서 내가 너를 이긴다는 데 50달러 건다.
B You're on. 좋아.

Do me a favor.
부탁 하나만 들어줘

do *somebody* a favor는 '~에게 도움을 주다', '~에게 호의를 베풀다'란 뜻인데요. 그래서 "부탁 하나만 들어줄 수 있어?"라고 물어볼 때는 Can you do me a favor?라고 합니다. Can 대신 Will, Could, Would를 넣어서 말해도 되고, 가까운 사이에 허물없이 "부탁 하나만 들어줘."라고 할 때는 그냥 Do me a favor.라고 합니다.

ex I need you to do me a favor. 부탁 하나만 들어주면 좋겠어.
I have a favor to ask. 부탁이 하나 있어.

Husband	Sweetie, I'm at the airport, and I forgot my passport.
Wife	You **suck at** remembering things. What's wrong with you?
Husband	**Do me a favor. Stop nagging.**
Wife	Don't ask me to bring it to you. I'm at work.
Husband	Please. **I'm begging you.**
Wife	Fine. I guess I can **make a quick trip.**
Husband	Thanks. **I owe you one.**

남편	자기야, 여기 공항인데 내가 여권을 깜빡했네.
아내	당신은 뭐 챙기는 데는 아주 젬병이라니까. 도대체 왜 그러는 거야?
남편	부탁 좀 들어주라. 잔소리는 그만하고.
아내	나한테 가져다 달라고 하지 마. 나 회사야.
남편	제발. 내가 이렇게 빌게.
아내	알았어. 빨리 갔다 오면 되겠지, 뭐.
남편	고마워. 당신한테 신세 졌다.

suck at ~ ~를 더럽게 못하다

"나 게임에는 젬병이야.", "나 수학은 젬병이야.", "나 사람 다루는 거 정말 못 해."처럼 '~을 정말 못 한다', '~은 젬병이다'라고 할 때 suck at ~을 사용해서 말합니다.

I suck at this game. 나 이 게임 정말 못 해.
You suck at everything. 넌 잘하는 게 아무것도 없구나.

Stop nagging. 잔소리 좀 그만해, 바가지 좀 그만 긁어

nag는 이것 해라, 저것 해라 하며 '잔소리하다'란 뜻인데요. 아내가 남편에게 계속해서 잔소리하면 그건 바가지 긁는 게 되니까 '바가지 긁다'란 뜻도 됩니다.

My mom's always nagging me to study. 우리 엄마는 맨날 나한테 공부하라고 잔소리야.
I nagged him to do the housework. 그에게 집안일 좀 하라고 잔소리했어.

I'm begging you. 제발 부탁이야

beg는 '간청하다', '애원하다'란 뜻으로, 상대방에게 뭔가를 간절히 부탁할 때 I'm begging you.라고 합니다. 상황에 따라 "제발 부탁이야.", "내가 사정할게.", "이렇게 빌게."란 의미가 됩니다.

My dog is begging for a treat. 우리 개가 간식 달라고 조르네.
Don't beg me. 조르지 마.

make a quick trip 빨리 갔다 오다

trip 하면 보통 '여행'만 생각하기 쉽죠. 하지만 장을 보러 가게에 가거나, 아이들을 데리러 학교에 가는 것과 같이 '용건을 보러 이동하는 것' 역시 trip에 포함됩니다. '빨리 다녀온다'는 걸 강조하기 위해서 quick과 함께 쓰는 경우도 많아요.

I forgot onions. I'll make a quick trip to the store.
양파 사 오는 걸 잊었어. 금방 가게에 갔다 올게.

I owe you one. 내가 신세 졌다

owe는 '빚지다, 신세를 지다'란 뜻이어서 상대방에게 도움을 받았을 때 I owe you one.이라고 하면 "너한테 한 번 빚졌네.", "신세 한 번 졌네요."란 뜻이 됩니다. 반대로 내가 상대방을 도와주고 You owe me one.이라고 하면 "나한테 한 번 빚진 거다."란 말이 됩니다.

I'll see what I can do.
어떻게 한번 해 볼게

상대방으로부터 어떤 부탁이나 도움을 요청 받았을 때 장담은 못하지만 어떻게든 해 보겠다는 긍정적인 대답으로 쓰는 표현입니다. Let me see what I can do.라고 해도 됩니다.

Aiden	Is this your new gaming computer?
Carole	**Isn't it something?** It's got a liquid cooling system.
Aiden	**This is sick!**
Carole	Let me show you what it can do. Uh-oh. What's happening?
Aiden	Your computer works like **it has its own mind.**
Carole	Can you fix it? You're good with machines.
Aiden	**I'll see what I can do.** But **don't hold your breath.**

에이든	이게 새 게임 컴퓨터야?
캐롤	죽이지 않냐? 액냉 시스템도 장착되어 있어.
에이든	끝내준다!
캐롤	기능들을 보여 줄게. 어라. 이게 왜 이러지?
에이든	컴퓨터가 제멋대로 작동하네.
캐롤	네가 고칠 수 있을까? 너 기계 잘 다루잖아.
에이든	어떻게 한번 해 볼게. 그런데 기대는 하지 마.

Isn't it something? 끝내주지 않냐?

너무 멋진 물건이나 경치에 감탄하며 옆 사람에게 정말로 그렇지 않느냐고 동의를 구할 때 쓰는 표현입니다. 성격이나 행동이 독특한 사람을 두고 주어만 바꿔서 "저 사람 참 물건이다."라는 뜻으로도 쓸 수 있어요.

Isn't she something? 쟤 정말 물건이지 않나?

This is sick. 끝내준다

'아프다, 지겹다, 역겹다'란 뜻의 sick이 '멋지다, 끝내준다'는 반전의 의미로 사용되기도 합니다. 따라서 sick이 긍정적인 의미로 쓰였는지 부정적인 의미로 쓰였는지는 그 상황에 따라 달라집니다.

Did you see the toilet bowl? That was really sick. 변기 봤어? 진짜 구역질 나더라.
Look at this new Samsung phone. This is sick. 이 새로 나온 삼성 핸드폰 좀 봐. 끝내주지.

It has its own mind. 제멋대로 작동하네

사람은 주관(own mind)이 있어서 스스로 생각하고 움직이지만 물건은 그렇지 않죠. 그런데 고장 나서 제멋대로 작동하는 기계는 마치 자기 생각이 있는 것처럼 보인다고 해서 own mind가 있다고 표현합니다.

This lawn mower works as if it has its own mind. 이 잔디 깎기 기계가 제멋대로 움직이네.
My cat has his own mind. 우리 고양이는 제멋대로 행동해.

Don't hold your breath. 기대는 하지 마

직역하면 '숨을 참지 마라.'인데요. 이 말은 상대방이 기대하는 일이 일어나지 않을 수도 있으니 숨 참고 기다리지 마라, 즉 "기대는 하지 마."란 말이 됩니다.

We're trying to get the power back on, but don't hold your breath.
전력 복구를 위해 노력 중입니다만. 시간이 많이 걸릴지도 모릅니다.

How was it?

그거 어땠어?

How was *something*?은 '~은 어땠어?'란 뜻으로, 다녀온 여행이 어땠는지, 보고 온 영화가 어땠는지, 소개팅이 어땠는지, 식사가 어땠는지 등 상대방에게 경험 만족도를 물을 때 쓰는 표현입니다. 그래서 How was it?이라고 하면 '그거 어땠어?'라고 묻는 표현입니다.

ex **How was your trip?** 여행 어땠어?
How was your date? 데이트 어땠어?
How was your day? 오늘 하루 어땠어?

Sister	Did you watch the movie? **How was it?**
Brother	I have nothing to say about it.
Sister	What do you mean? You didn't like it?
Brother	**Not really.** The story was **all over the place.**
Sister	Weird. My friend, Hannah said the movie **is a must see.**
Brother	Hannah lives in La-la Land.
Sister	**What makes you think that?**
Brother	For her, everything is a MUST.

누나	영화 봤어? 어땠어?
남동생	딱히 말할 게 별로 없어.
누나	그게 무슨 말이야? 마음에 안 들었다는 거야?
남동생	뭐, 별로. 얘기가 뒤죽박죽이야.
누나	이상하네. 내 친구 한나는 꼭 봐야 할 영화라고 하던데.
남동생	한나 누나는 혼자서 딴 세상에 사는 사람이고.
누나	왜 그렇게 생각하는데?
남동생	그 누나는 뭐든 죄다 좋고 죄다 해야 된대.

Not really. 별로

No보다 약한 부정으로 '별로', '그다지', '딱히' 등을 의미합니다.

A Aren't you excited to see your cousins? 사촌들 만난다니까 좋지 않니?
B Not really. 뭐, 별로.

all over the place 엉망인, 두서없는, 중구난방인

all over the place는 보통 '온통, 사방에'란 뜻으로 알고 있는데요. 정보나 내용 등이 '엉망인, 두서없는, 중구난방인'이란 뜻으로도 쓰입니다. 그리고 머리카락이 엉망으로 헝클어졌다고 할 때도 사용합니다.

I've been looking all over the place for my phone.
내 핸드폰 찾느라 여기저기 다 뒤지고 다니는 중이야.
Your hair is all over the place. 네 머리 엉망이야.

Something is a must see ~는 꼭 봐야 해

"프랑스에 가면 에펠 탑에 꼭 가 봐야 한다.", "그 식당 탕수육은 꼭 먹어 봐야 한다." 등 무엇을 강력 추천할 때는 '반드시 ~해야 한다'는 뜻의 must를 쓰면 되는데요. "그랜드 캐니언은 꼭 가 봐야 한다."를 다음과 같이 3가지 형태로 말할 수 있습니다.

The Grand Canyon is a must.
The Grand Canyon is a must see.
The Grand Canyon is a must to visit.

What makes you think that? 대체 왜 그렇게 생각하는데?

상대방이 왜 그런 생각을 하는지 이유를 묻는 질문입니다. What makes you think ~? 형태로 '왜 ~라고 생각하는 거야?'란 질문으로 활용할 수도 있습니다. 비슷한 표현으로는 What makes you say that?(왜 그런 얘기를 하는 거야?)가 있습니다.

What makes you think I care? 왜 내가 신경 쓸 거라고 생각하는데?
What makes you think you can do that? 왜 네가 그래도 된다고 생각하는 건데?
What makes you think I'll help you? 왜 내가 널 도와줄 거라고 생각해?

How did it go?
그거 어떻게 됐어?

어떤 일의 결과나 진행 상황을 물어볼 때 쓰는 표현이에요. 회의, 미팅, 발표, 면접 등 특히 기대하고 있는 일이 어떻게 되었는지 궁금해서 물어볼 때 자주 사용합니다. it 대신 궁금한 사항을 넣어서 말해도 됩니다.

ex **How did the meeting go?** 회의는 어떻게 됐어?

Son	Mom, I'm home.
Mom	**How did it go?** Do you think you'll get the job?
Son	I don't know.
Mom	Don't worry. My acquaintance **put in a good word for you**.
Son	How do you know her?
Mom	**We go way back.** You can trust her.
Son	I don't want an unfair advantage **though**.
Mom	If it will get you the job, **I'll do whatever it takes.**

아들	엄마, 저 왔어요.
엄마	어땠니? 취직될 것 같아?
아들	잘 모르겠어요.
엄마	걱정 마라. 내 지인이 잘 말해 뒀다니까.
아들	그 사람을 어떻게 아세요?
엄마	오래전부터 알고 지냈어. 믿을 수 있는 사람이야.
아들	그래도 불공평하게 혜택 받는 건 싫은데.
엄마	네가 취직만 된다면야 난 무슨 일이든 하겠다.

put in a good word for *somebody* ~에 관해 얘기를 잘해 주다

취업이나 거래 등이 성사되도록 결정권을 가진 사람에게 '~에 대해 좋게 말하다'란 뜻입니다. 그래서 I'll put in
a good word for you.라고 하면 "내가 네 얘기 잘해 줄게."란 말이고, Put in a good word for me.라고
하면 "내 얘기 좀 잘해 줘."란 말이 됩니다.

My friend put in a good word for me. 내 친구가 나에 대해 잘 말해 뒀대.

We go way back. 우리 알고 지낸 지 꽤 됐어

go way back은 '한참 과거로 거슬러 올라간다'는 뜻인데요. We go way back. '우리는 한참 과거로 거슬러
올라간다'는 말은 곧 '우리가 알고 지낸 지 꽤 됐다'는 의미입니다. 누구와 어떻게 알게 되었는지 또는 언제부터
알고 지냈는지 묻는 질문에 답할 때 사용합니다.

~ though ~이긴 하지만

though는 구어체에서 문장 끝에 와서 '~이긴 하지만'이란 의미로 사용됩니다.

I had a great time. It was brief though. 즐거운 시간이었어. 짧았지만.
I liked the food very much. It was expensive though. 음식은 아주 좋았어. 비싸긴 했지만.
She looks German. I'm not sure though. 독일 사람 같은데. 확신은 없지만 말이야.
It was a good game. We lost though. 좋은 경기였어. 우리가 지긴 했지만.

I'll do whatever it takes. 뭐든 다 할게

어떤 목적을 위해서라면 무엇이든 다 하겠다고 할 때 '무엇이든'의 의미로 whatever it takes라고 합니다. 대
가로 무엇을 치러야 한다고 할 때는 It takes ~를 씁니다.

It takes practice. 연습을 많이 해야 해.

Day 61~65 주어진 어휘를 이용해서 문장을 만들어 보세요.

1 내기 할래? **(bet)**

2 누워서 떡 먹기지. **(cake)**

3 쓸데없는 얘기 집어치워. **(crap)**

4 네가 허풍 떤다는 거 다 알고 있었어. **(bluff)**

5 부탁 하나만 들어줘. **(favor)**

6 잔소리 좀 그만해. **(nag)**

7 너한테 한 번 빚졌네. **(owe)**

8 어떻게 한번 해 볼게. **(I'll see)**

9 기대는 하지 마. (breath)

10 그거 어땠어? (it)

11 너 머리 엉망이다. (all over)

12 왜 그렇게 생각하는 거야? (make)

13 그거 어떻게 됐어? (go)

14 내 얘기 좀 잘해 줘. (good word)

15 우리 알고 지낸 지 꽤 됐어. (way)

정답 **1** You wanna bet? **2** It's a piece of cake. **3** Cut the crap. **4** I knew you were bluffing. **5** Do me a favor. **6** Stop nagging. **7** I owe you one. **8** I'll see what I can do. **9** Don't hold your breath. **10** How was it? **11** Your hair is all over the place. **12** What makes you think that? **13** How did it go? **14** Put in a good word for me. **15** We go way back.

Something came up.

일이 좀 생겼어

일이 생겼다며 그것에 관해 설명하려고 하거나 약속을 취소하려고 할 때 쓰는 표현입니다. 여기서 come up은 어떤 일이 발생하는 것을 뜻합니다. 그리고 Something came up at ~이라고 하면 '~에서 일이 좀 생겼어'란 말이 됩니다.

ex **Something came up at work.** 회사에 일이 좀 생겼어.
Something came up at home. 집에 일이 좀 생겼어.

Dad	Sweetie, I don't think I can make it to your ballet recital today.
Daughter	**How come?** You promised me that you would come this time.
Dad	**Something came up.** They really need me.
Daughter	No excuse, Dad. Work always **comes first** for you.
Dad	That's not true. **My hands are tied.**
Daughter	I'm so disappointed in you.
Dad	I'm terribly sorry. **Let me make it up to you.**
Daughter	Don't **try to buy me off with** money.

아빠	얘야, 아빠가 오늘 네 발레 발표회에 못 갈 것 같구나.
딸	어째서요? 이번엔 꼭 오신다고 약속하셨잖아요.
아빠	일이 좀 생겼어. 아빠가 꼭 있어야 하는 일이라서 말이다.
딸	변명하지 마세요, 아빠. 아빠는 항상 일이 먼저죠.
아빠	그렇지 않아. 나도 어쩔 수 없는 상황이라서 그러지.
딸	아빠한테 정말 실망이에요.
아빠	정말 미안하구나. 아빠가 꼭 만회하마.
딸	돈으로 될 거라고 생각하지 마세요.

How come? 왜?, 어째서?

어떤 일에 대해 왜 그렇게 되었는지 이해할 수 없거나 놀랐을 때 쓰는 표현입니다. How come ~? 형태로 '어째서/어떻게 ~하지?'라는 뜻으로도 많이 씁니다. why가 '왜'라면 how come은 '어째서', '어떻게 해서'에 더 가까운 의미예요.

How come I never heard that before? 어째서 내가 그걸 못 들어 봤지?
How come you never call me anymore? 어째서 나한테 이제 전화 안 하는 거야?
How come you missed church? 너 어떻게 교회에 안 올 수 있어?

~ comes first ~가 우선이다

"일이 최우선이다.", "건강이 최우선이다.", "가족이 최우선이다." 이렇게 사람에 따라 우선순위가 다르죠. 영어로는 '첫 번째로 온다'는 의미로 ~ comes first로 표현합니다.

My family's health comes first. 우리 가족의 건강이 우선이죠.

My hands are tied. 나도 어쩔 수 없는 상황이야

손이 묶이면 아무것도 할 수가 없겠죠. 그래서 어떤 일에 대해 자신이 할 수 있는 게 아무것도 없는 상황일 때 My hands are tied.라고 말합니다. 같은 의미로 There's nothing I can do.가 있습니다.

Let me make it up to you. (잘못을) 만회하게 해 줘

약속을 못 지켰거나, 생일이나 기념일을 잊었을 때 등 상대방에게 잘못한 것을 만회하려고 할 때 쓰는 표현입니다. make it up to *somebody*는 '~에게 잘못한 것을 보상하다'란 뜻이어서 Let me make it up to you.라고 하면 "내 실수를 만회하게 해 줘."란 말이 됩니다. 같은 의미로 I'll make it up to you.라고 해도 됩니다. 그리고 How can I make it up to you?라고 하면 "내가 (만회하려면) 어떻게 하면 될까?"란 말입니다.

---

buy *somebody* off with *something* ~로 ~를 사려고 하다

비리를 폭로하려는 사람에게 돈을 주고 입막음을 하거나, 돈이나 선물로 누군가의 마음을 돌리려고 할 때 buy *somebody* off (with *something*)이란 표현을 쓰는데요. '~를 (~로) 매수하다, 돈으로 사다'란 뜻입니다.

My mom tried to buy me off with her cooking. 우리 엄마가 음식 해 주면서 날 회유하려고 하잖아.

I'm in the middle of something.

나 뭐 좀 하는 중이야

중요한 일을 하고 있는데 누가 얘기 좀 하자고 하거나, 애인과 즐거운 시간을 보내고 있는데 전화가 걸려 오는 등 이렇게 한창 어떤 일을 하고 있어서 다른 걸 하기 힘들 때 "나 뭐 좀 하는 중이야."란 뜻으로 I'm in the middle of something.이라는 표현을 씁니다. something 대신 구체적인 상황을 넣어서 말해도 됩니다.

ex **I'm in the middle of a meeting.** 나 지금 미팅 중이야.
I'm in the middle of dinner. 나 지금 저녁 식사 중이야.

Ann Joe, I have news for you. You won't believe this.

Joe **I'm in the middle of something.** Can you tell me later?

Ann Just listen. I finally asked Paul to go out with me.

Joe OK. **Keep going.**

Ann Paul turned me down. He said he **is head over heels** in love with you.

Joe **What the heck!** Is he gay?

Ann Surprisingly, yes. And he loves you.

Joe Shut up!

앤 조, 너한테 전해 줄 소식이 있어. 아마 못 믿을 거다.

조 나 지금 뭐 좀 하는 중인데. 나중에 말해 주면 안 될까?

앤 그냥 듣기만 해. 내가 드디어 폴한테 데이트 신청을 했거든.

조 알았다. 계속해 봐.

앤 폴이 날 거절했는데 말이다. 걔가 너한테 홀딱 반했다지 뭐니.

조 그게 뭐 귀신 씻나락 까먹는 소리야? 걔 동성애자야?

앤 놀랍게도 그렇다네. 게다가 널 사랑한다잖아.

조 닥쳐!

go out with *somebody* ~와 데이트하다

go out with *somebody*는 '~와 데이트하다'란 뜻이어서 Will you go out with me?라고 하면 "나랑 데이트할래?", I can't go out with you.라고 하면 "너랑 데이트할 수 없어."란 말이 됩니다. 그리고 계속해서 데이트하는 사이는 사귀는 것을 의미하기 때문에 We've been going out for three years.라고 하면 "우리 사귄 지 3년 됐어."라는 말이 됩니다.

She'd never go out with me. 걔 절대 나랑 데이트하지 않을 거야.

Keep going. 계속해, 계속 얘기해 봐

Keep going.은 상대방에게 힘내서 계속하라고 격려하거나 응원할 때도 쓰고, 하던 얘기를 계속해 보라고 할 때도 씁니다. Go on.도 같은 의미로 사용할 수 있습니다.

Keep going. You're almost there. 계속해. 거의 다 됐어.

turn *somebody/something* down ~를 거절하다

부탁이나 제안을 거절하거나, 데이트 신청이나 초대를 거절하거나, 취업 면접에서 떨어뜨리거나 할 때 turn *somebody/something* down이란 표현을 씁니다.

I asked her out, but she turned me down. 그녀에게 데이트 신청했는데 거절당했어.
I wanted a job at that restaurant, but they turned me down.
그 식당에서 일해 보고 싶었는데 취직이 안 됐어.

be head over heels 홀딱 빠지다

head over heels (in love)는 '사랑에 푹 빠지다'란 뜻으로 be head over heels 또는 fall head over heels 형태로 주로 씁니다.

He's head over heels for Amy. 걔 에이미테 홀딱 빠졌어.
I fell head over heels in love. 나 사랑에 푹 빠졌어.

What the heck! 뭐야 정말!, 뭔 소리야!, 뭐가 어떻게 돌아가는 거야!

What the heck!은 What the hell!을 조금 순화해서 쓰는 표현인데요. 놀라움, 충격, 분노, 혐오 등의 감정을 강조하는 감탄사로 "뭐야 정말!", "뭔 소리야!", "뭐가 어떻게 돌아가는 거야!" 등의 의미로 쓰기도 하고, 하면 안 되는 뭔가를 하기로 마음먹으며 "알게 뭐야.", "까짓것." 등의 의미로 쓰기도 합니다.

I'm not supposed to drink, but what the heck. 나 술 마시면 안 되는데. 뭐 알 게 뭐야.

What time do you get off?
너 몇 시에 퇴근해?

get off는 '떠나다', '퇴근하다'란 뜻이어서 상대방의 퇴근 시간을 물어볼 때 What time do you get off? 또는 What time do you get off work?라고 합니다. 같은 의미로 What time are you off?라고 해도 됩니다.

ex **What time do you get off work today?** 오늘 몇 시에 퇴근해?
I usually get off at seven o'clock. 나 보통 7시에 퇴근해.
I get off early on Fridays. 나 금요일에는 일찍 퇴근해.

(on the phone)

Wife   Henry, **what time do you get off?**

Husband I have no idea. This project is killing me.

Wife   Are you OK?

Husband **I'm pooped. It's been a long day.**

Wife   I wish I could do something for you.

Husband **Don't wait up for me.** I might have to **pull an all-nighter.**

Wife   I'll make you a big breakfast tomorrow.
It's the least I can do.

(전화 통화)
아내   헨리, 몇 시에 퇴근해?
남편   모르겠어. 이 프로젝트 때문에 힘들어 죽겠어.
아내   당신 괜찮아?
남편   완전 녹초 됐지 뭐. 오늘 하루 정말 힘드네.
아내   내가 뭐라도 좀 해 줬으면 좋겠는데.
남편   나 기다리지 말고 자. 어쩌면 야근해야 할지도 몰라.
아내   내일 아침 거하게 차려 줄게. 내가 그 정도는 해 줘야지.

I'm pooped. 완전 녹초가 됐어

기운을 다 쓰고 손가락 하나 까닥하기 힘들 정도로 몸이 녹초가 되거나 기진맥진한 상태를 pooped라고 합니다. '완전히'란 의미의 out을 문장 끝에 넣어서 I'm pooped out.이라고 하면 "나 완전 초죽음이야."란 뜻이 됩니다.

It's been a long day. 오늘 정말 힘든 하루였어

일에 치이고 문제를 해결하느라 정신없이 바쁜 하루를 보냈을 때 "오늘 정말 힘든 하루였어."라고 하는데요. 영어로는 하루가 아주 길게 느껴질 정도로 힘든 하루였다는 의미에서 I had a long day. 또는 It's been a long day.라고 합니다. 힘든 하루가 미리 예상될 때는 It's gonna be a long day.라고 합니다.

Don't wait up for me. 나 기다리지 말고 자

귀가가 늦어질 것 같아서 함께 사는 사람에게 기다리지 말고 먼저 자라고 할 때 쓰는 표현입니다. wait up for *somebody*는 '자지 않고 ~를 기다리다'란 뜻이어서 I'll wait up for you.라고 하면 "나 안 자고 너 기다릴게."란 말이 됩니다. 그리고 '먼저 가지 않고 ~를 기다리다'란 뜻도 있어서 자신보다 멀리 앞서가는 상대방에게 Wait up for me.라고 외치면 "나랑 같이 가."라는 뜻이 됩니다.

pull an all-nighter (일·공부로) 밤을 새우다

pull an all-nighter는 '밤새우다'란 영어 표현 중 하나로, 주로 일하거나 공부하느라 밤을 새울 때 사용합니다. 비슷한 표현인 be up all night과 stay up all night은 일하거나 공부할 때뿐만 아니라 놀다가 밤을 새울 때 등 밤샘 이유와 상관없이 사용합니다.

I pulled an all-nighter to finish my thesis. 논문 끝내느라고 밤새웠어.

It's the least I can do. 이 정도쯤은 당연히 해 드려야죠

고맙다고 말하는 상대방에게 그 정도는 아무것도 아니라고 겸손하게 답하는 표현입니다. 만약 "이게 내가 할 수 있는 최선이야."라고 말하고 싶다면 It's the best I can do.라고 하면 되겠죠.

I know what I'm doing.

내가 알아서 해, 나 이거 빠삭해

직역하면 '내가 지금 하는 것에 대해 잘 알고 있다.'란 말인데요. 내가 무엇을 제대로 못할 거라고 의구심을 품는 사람에게 나는 이 일에 대한 배경지식과 경험이 있으니 걱정 말라는 뜻으로 쓰는 표현입니다. 자신이 아닌 다른 사람에 관해 말할 때도 쓸 수 있습니다.

ex Don't worry. My dad knows what he's doing.
걱정 마. 우리 아빠가 다 알아서 하셔.

Girlfriend	I have a terrible hangover.
Boyfriend	You **blacked out** last night, you know.
Girlfriend	I'm a **lightweight drinker**. I shouldn't drink that much.
Boyfriend	Acupressure can cure headaches. **Speaking of** acupressure, let's try.
Girlfriend	Arrrrgh.
Boyfriend	**Don't be a drama queen.**
Girlfriend	Are you doing it right?
Boyfriend	Of course. **I know what I'm doing.**

여자 친구	숙취 한번 지독하네.
남자 친구	너 어젯밤에 필름 끊겼어. 알지.
여자 친구	난 술도 약한데. 그렇게 많이 마시는 게 아니었어.
남자 친구	지압하면 두통 낫는데. 말 나온 김에. 해 보자.
여자 친구	아아아아아.
남자 친구	오버 좀 하지 마.
여자 친구	제대로 하는 거 맞아?
남자 친구	당연하지. 이건 내가 빠삭하다니까.

black out 의식을 잃다, 필름이 끊기다

black out은 '의식을 잃다'라는 뜻인데요. 건강에 이상이 와서 그럴 수도 있고, 머리에 충격을 받아서, 또는 술을 너무 마셔서일 수도 있습니다. 특히 술을 많이 마셔서 의식을 잃을 때 흔히 '필름이 끊겼다'라고 말하죠.

I blacked out last night. 나 어젯밤에 필름 끊겼었어.

lightweight drinker 술이 약한 사람

쉽게 술에 취하는 '술이 약한 사람'을 light drinker 또는 lightweight drinker라고 합니다. 반대로 '술이 센 사람'은 heavy drinker 또는 heavyweight drinker라고 합니다. 그리고 '말술을 마신다'라고 할 때는 물고기가 물을 먹듯 마신다는 의미에서 drink like a fish라고 합니다.

Are you a lightweight drinker, or a heavyweight drinker? 너 술 약해, 아니면 세?

Speaking of ~ ~ 얘기 나온 김에

대화를 하다가 '~ 얘기가 나와서 말인데'라며 ~에 관해 추가적인 얘기를 하려고 할 때 Speaking of ~라고 합니다. 그리고 특정한 무엇을 언급하지 않고 앞서 얘기하던 것과 관련된 또 다른 얘기를 할 때는 Speaking of which라고 하는데요. '말이 나와서 말인데', '그러고 보니'란 뜻입니다.

Speaking of money, can I borrow a hundred bucks from you?
돈 얘기가 나왔으니 하는 말인데, 나 100달러만 빌려줄래?
Speaking of which, have you seen Leo lately? 말이 나와서 말인데, 최근에 리오 봤어?

Don't be a drama queen. 오버 좀 하지 마

기쁨, 슬픔, 고통 등 자기감정을 극대화시켜서 과장되게 표현하는 사람들이 있죠. 그런 사람들에게 오버한다고 하는데요. 영어에는 drama queen이라는 재밌는 표현이 있습니다. 상황을 드라마틱하게 받아들이는 데는 거의 여왕급이라는 뜻이죠. 표현에 queen이 들어가기 때문에 여자 또는 남자 동성애자에게 사용합니다. 비슷한 표현으로는 overreact가 있습니다.

My sister is such a drama queen. 내 여동생은 무슨 일에든 오버를 해.
Don't overreact. 오버하지 마.

DAY 070

Don't bother.
굳이 그럴 필요 없어

bother는 '귀찮게 하다', '괴롭히다'라는 뜻 외에 '애쓰다', '신경 쓰다'라는 뜻으로도 자주 쓰여요. 상대방이 굳이 안 해도 되는 일을 하려고 할 때 Don't bother.이라고 하면 "그럴 필요 없어.", "내버려 둬."라는 말이 됩니다. Don't bother ~ 뒤에 말을 더 추가하면 '애써 ~할 필요 없어', '굳이 ~안 해도 돼'란 말이 됩니다.

ex **Don't bother coming back.** 돌아올 필요 없어.
Don't bother asking. 굳이 안 물어봐도 돼.

Girlfriend I **have a craving for** steak.

Boyfriend Let's **eat out**. I know who has the best steak.

Girlfriend Andy's Steak House? Their steaks are not savory enough.

Boyfriend You're such a **foodie**.

Girlfriend I just have very sensitive taste buds.

Boyfriend Let me make you one. I'm a good cook.

Girlfriend **Don't bother.** I'm fine.

Boyfriend **No biggie.** I'll **pick up** some groceries first.

여자 친구 스테이크가 당기네.

남자 친구 외식하자. 스테이크 제일 잘하는 집 알거든.

여자 친구 앤디스 스테이크 하우스? 거기 스테이크는 풍미가 부족해.

남자 친구 하여튼 넌 미식가라니까.

여자 친구 난 그저 미각이 예민할 뿐이야.

남자 친구 내가 만들어 줄게. 나 요리 잘하거든.

여자 친구 그럴 것 까지는 없어. 괜찮아.

남자 친구 별것도 아닌데, 뭐. 일단 식료품 좀 사올게.

176

have a craving for *something* ~가 당긴다

갑자기 달달한게 먹고 싶거나, 치킨이 생각 날 때가 있죠. 이렇게 어떤 음식이 순간적으로 당길 때 '갈망'이란 뜻의 craving을 써서 I have a craving for *something* 구문으로 표현합니다.

I have a craving for chocolate. 갑자기 초콜릿이 당기네.

eat out 외식하다

eat out은 '나가서 먹다'란 뜻이어서 '외식하다'라는 의미로 쓰입니다. 같은 의미로 go out to eat이라고 해도 됩니다.

We always eat out on weekends. 우리는 주말마다 외식을 해요.

foodie 미식가, 식도락가

먹는 것을 즐기거나 음식 만드는 것을 좋아하는 사람을 foodie라고 하는데요. 우리말의 '미식가', '식도락가'에 해당합니다. cute가 cutie(귀염둥이)가 되듯이, food가 foodie, 즉 '음식을 즐기는 사람'이라는 뜻이 되었습니다.

My mom is a foodie. She loves food. 우리 엄마는 식도락가야. 먹는 걸 무지 좋아하셔.

No biggie. 별거 아니야, 괜찮아

미안해거나 고마워하는 상대에게 "괜찮아."라고 하거나, 일어난 일 자체가 별로 중요한 게 아니어서 "별거 아니야."라고 할 때 쓰는 표현인데요. It's not a big deal. 또는 No big deal.을 줄여서 No biggie.라고 합니다.

A Oh, no! Your hair is all wet. 세상에! 너 머리가 흠뻑 젖었구나.
B I'm fine. No biggie. 괜찮아. 별거 아니야.

pick up *something* ~을 사 오다, ~을 가지러 가다[오다]

pick up은 다른 장소에 있는 무엇을 가지러 가거나 온다고 할 때도 쓰고, 가게에서 무엇을 사 온다고 할 때도 씁니다.

Can you pick up some fruit when you go to the store? 너 가게 갈 때 과일 좀 사다 줄래?
I'll drop by tomorrow to pick up my stuff. 내 물건 가지러 내일 들를게.
You can pick it up on Friday. 금요일에 가지러 오면 돼.

Day 66~70 주어진 어휘를 이용해서 문장을 만들어 보세요.

1 일이 좀 생겼어. (something)

2 나도 어쩔 수 없는 상황이야. (hands)

3 (잘못을) 만회하게 해 줘. (let me)

4 나 뭐 좀 하는 중이야. (something)

5 나랑 데이트할래? (will you)

6 나 사랑에 푹 빠졌어. (head)

7 너 몇 시에 퇴근해? (get off)

8 오늘 정말 힘든 하루였어. (it's been)

9 나 기다리지 말고 자. (wait up)

10 이 정도쯤은 당연히 해드려야죠. (the least)

11 내가 알아서 해. (I know)

12 나 어젯밤에 필름 끊겼었어. (last night)

13 오버 좀 하지 마. (drama queen)

14 굳이 그럴 필요 없어. (don't)

15 초콜릿이 당기네. (I have)

정답 **1** Something came up. / Something's come up. **2** My hands are tied. **3** Let me make it up to you. **4** I'm in the middle of something. **5** Will you go out with me? **6** I fell head over heels in love. **7** What time do you get off? **8** It's been a long day. **9** Don't wait up for me. **10** It's the least I can do. **11** I know what I'm doing. **12** I blacked out last night. **13** Don't be a drama queen. **14** Don't bother. **15** I have a craving for chocolate.

DAY 071

Check it out.

이것 좀 봐, 저기 좀 봐, 들어 봐

엄청난 미인이나 멋진 남자를 봤을 때, 대박 할인 정보를 발견했을 때, 굉장히 좋은 노래를 알게 되었을 때 등 상대방이 관심 가질 만한 뭔가를 보라고 하거나 들어 보라고 할 때 Check it out. 또는 Check this out.이라고 합니다.

Dane Hey, do you know what this is? **Check it out.**

Sue Isn't this a fake ID?

Dane Hey, **keep it down.** Don't say it **out loud.**

Sue It looks legit.

Dane **Isn't it epic?** Now I can go clubbing.

Sue What if you get caught?

Dane **It's worth a try.**

데인 야, 너 이게 뭔지 아냐? 한번 봐 봐.

수 이거 가짜 신분증 아냐?

데인 야, 좀 작게 말해. 그렇게 크게 말하면 안 되지.

수 진짜 같아 보인다.

데인 진짜 멋지지 않냐? 이젠 클럽에도 갈 수 있다고.

수 그러다 걸리면 어떻게 해?

데인 그래도 시도해 볼 만하지, 뭐.

Keep it down. 조용히 해

상대방의 목소리가 너무 커서 주위에 피해가 가거나 너무 소란스러울 때 조용히 해 달라는 의미로 Keep it down. 또는 Keep your voice down.이라고 합니다.

You guys are too loud. Keep it down. 너희들 너무 시끄러워. 조용히 좀 해.

---

out loud (크게) 소리 내어, 큰 소리로

out loud는 남들이 들을 정도로 '소리 내어'란 뜻인데요. 그래서 '소리 내어 말하다', '소리 내어 읽다', '소리 내어 웃다' 등 여러 형태로 쓸 수 있습니다.

Read it out loud. 소리 내서 크게 읽어.
She laughed out loud. 그녀는 큰 소리로 웃었다.
Did I just say that out loud? 내가 방금 크게 말했니?

Isn't it epic? 끝내주지 않냐?

epic은 뭔가 대단하고, 웅장하고, 영웅적인 것을 말하는데요. 그래서 It's epic.이라고 하면 "끝내준다.", It's gonna be epic.이라고 하면 "아주 굉장할 거야."의 의미가 됩니다.

It's worth a try. 한번 해 볼 만 해

be worth ~는 '~의 가치가 있다'란 뜻인데요. 그래서 It's worth a try.라고 하면 '시도해 볼 가치가 있다', 즉 "한번 해 볼 만하다."란 말이 됩니다. 그리고 be worth it은 '그럴 가치가 있다'란 뜻입니다.

It's worth 1,000 dollars. 그거 천 달러짜리야.
This book is worth reading. 이 책은 읽어 볼 가치가 있어.
That was worth the wait. 기다린 보람이 있었어.
It's painful, but it's worth it. 힘들지만, 그만한 가치가 있죠.
Calm down! He's not even worth it. 진정해! 그럴 가치도 없는 사람이야.

How do I look?
나 어때 보여?

자신이 어떻게 보이는지 묻는 질문으로, 주로 새 옷을 입고 자신에게 잘 어울리는지 물어보거나, 새 헤어스타일이 어떤지 등을 물어볼 때 사용합니다. 잘 어울린다는 대답으로는 It looks good/great on you. 나 You look good/great. 등이 있습니다. 옷뿐만이 아니라 안경이나 액세서리, 구두 등 몸에 걸치고 있는 모든 것에 관해 말할 때 쓸 수 있습니다.

Dad	Look at you!
Daughter	**How do I look? How's** my hair? **How's** my dress?
Dad	One at a time!
Daughter	Do you think Philip will like it?
Dad	I'm sure you'll **blow his mind.**
Daughter	**I'm so excited!** I need to get going.
Dad	**Have a blast. Say hello to** Philip for me.

아빠	얘 좀 보게!
딸	저 어때요? 제 머리는요? 드레스는요?
아빠	한 번에 한 가지씩!
딸	필립이 좋아할까요?
아빠	보나마나 네 모습에 뿅 갈 거다.
딸	너무 신나요! 이제 가 봐야겠어요.
아빠	재밌게 놀거라. 필립한테 안부 전하고.

How's ~? ~는 어때?

상대방의 학교생활은 어떤지, 직장생활은 어떤지, 다친 다리는 괜찮은지 등 상대방의 안부를 물어볼 때 '~은 어때?'라는 의미로 How is ~? 구문을 사용합니다. 그리고 상대방의 안부뿐만 아니라 How's my hair?(내 머리어때?), How's my breath?(나 입 냄새 괜찮아?)처럼 자신에 관한 것을 물어볼 수도 있습니다.

How's school? 학교생활은 어때?
How's work? 일은 어때?
How's your leg? 다리는 좀 어때?

blow *somebody*'s mind ~를 깜짝 놀라게 하다, 매우 흥분시키다

'누군가의 마음을 날려 버린다'는 말로 어떤 사건으로 인해 깜짝 놀라거나 흥분하여 어쩔 줄 모르는 상태를 의미합니다.

There's a big twist at the end. It'll blow your mind. 마지막에 큰 반전이 있어. 너 깜짝 놀랄 거야.
What a concert! They really blew my mind. 대단한 콘서트야! 나 완전 흥분했어.

I'm so excited. 진짜 신나

'신나는 모험', '신나는 경기'와 같이 무엇이 신나고 흥미진진하다고 할 때 exciting을 쓰지만, 기대되는 일에 대해 자신이 신나고 흥분된다고 할 때는 수동태를 써서 I'm so excited.라고 표현합니다. 너무너무 신날 때는 I'm so psyched.라고 해도 됩니다. 짧게 Psyched!라고 말하기도 해요.

Have a blast. 신나게 보내

"재밌게 놀아.", "즐거운 시간 보내."라고 할 때 보통 Have fun.이라고 하는데요. 좀 더 강하게 "신나게 놀아."라고 할 때는 '신나는 경험'이란 뜻의 blast를 써서 Have a blast.라고 합니다.

I had a blast at the party. 파티 진짜 엄청 재밌었어.

Say hello to ~ ~에게 안부 전해 줘

친구나 지인의 가족 또는 주변 사람들에게도 안부를 전해 달라고 할 때 Say hello to ~ 또는 Say hi to ~라고 합니다. 또 부탁을 받아서 누군가에게 안부를 전할 때는 *somebody* ~ said hello to you.라고 말합니다.

Anna said hello to you. 안나가 너한테 안부 전해 달래.

I won't let you down.

실망시키지 않을게

let *somebody* down을 직역하면 '누군가를 다운시키다'이니까 그 말은 곧 '~를 실망시키다'란 뜻이죠. 그래서 "널 실망시키지 않을게."라고 할 때는 I won't let you down.이라고 합니다.

> **ex** Don't let me down. 날 실망시키지 마.
> You let me down. 네가 날 실망시켰어.
> I'm sorry I let you down. 실망시켜서 미안해.

Mom You look depressed. Are you **having a hard time with Taekwondo?**

Son No. It's just too expensive to enter the tournament.

Mom Is it about money?

Son The entry fee, airfare, hotel… It **costs an arm and a leg.** I give up.

Mom **Here's the deal.** I'll pay and you bring me a medal.

Son Thank you, Mom. **I won't let you down.**

Mom **You had me worried for a second.**

Son I'll bring you a medal. **You can take my word for it.**

엄마 너 풀 죽어 보인다. 태권도 때문에 힘드니?

아들 아니요. 그저 경기 참가 비용이 너무 비싸서요.

엄마 돈 때문인 거야?

아들 참가비, 항공료, 호텔비에… 비용이 엄청 들어요. 포기할래요.

엄마 이렇게 하자. 돈은 내가 낼 테니 너는 메달을 따오는 걸로.

아들 엄마, 고마워요. 실망시키지 않을게요.

엄마 너 때문에 순간 걱정했잖니.

아들 꼭 메달을 따 올게요. 믿으셔도 좋아요.

have a hard time with~ ~가 힘들다, ~ 때문에 힘들다

have a hard time은 '힘들다'란 뜻으로 have a hard time -ing '~하는 것이 힘들다'와 have a hard time with ~ '~ 때문에 힘들다'란 형태로 주로 사용됩니다.

I'm having a hard time finding a job. 일자리 구하는 게 힘들어.
He had a hard time with his kids. 그는 애들 때문에 힘들어했었어.

cost an arm and a leg 엄청난 돈이 들다

an arm and a leg은 '엄청난 돈'이란 뜻으로, 주로 cost an arm and a leg(엄청난 돈이 들다) 형태로 사용됩니다. 옛날에 도둑질을 하면 팔과 다리를 잘랐다는 것에서 유래되었다는 이야기와 제2차 세계 대전 때 많은 군인들이 팔과 다리를 잃은 것에서 유래되었다는 이야기가 있는데, 둘 다 그만큼 비싼 대가를 치렀다는 데서 유래되었음을 알 수 있습니다.

Raising kids costs an arm and a leg. 애들 키우는 데 돈이 엄청 들어요.

Here's the deal. 상황은 이래, 이렇게 하자

상대방에게 현재의 상황을 설명하거나, 현재의 상황이 이러니 어떻게 하자고 제안할 때 Here's the deal.이라고 합니다. "상황은 이래." 또는 "이렇게 하자."란 의미입니다.

Here's the deal. I know you love our house, but we need to sell it.
지금 상황을 말하자면, 네가 우리 집을 많이 좋아하는 건 알지만, 우리는 이 집을 팔아야 해.

You had me worried for a second. 너 때문에 순간 걱정했잖아

상대방이 나를 걱정하게 만들었을 때는 You had me worried.라고 하는데요. 뒤에 for a second나 for a minute 또는 for a moment가 붙으면 "너 때문에 순간 걱정했잖아."란 말이 됩니다. 상대방의 말을 잘못 이해하거나 장난에 속아서 순간적으로 걱정했을 때 사용합니다.

You can take my word for it. 내 말 믿어도 좋아

take *somebody*'s word for it을 직역하면 '~의 말을 가져가도 된다'인데, 결국 그 사람의 말이 확실하니 믿어도 된다는 의미입니다. 그래서 Just take my word for it.이라고 하면 "그냥 내 말 믿어.", I'll take your word for it.이라고 하면 "네 말 믿을게."란 말이 됩니다.

Don't take my word for it. 내 말 믿지 마.

Don't get your hopes up.
너무 기대하지는 마

get one's hopes up은 '무엇에 대해 매우 기대하고 흥분하다'란 뜻이어서 Don't get your hopes up.이라고 하면 "너무 기대하지는 마."란 말이 됩니다. 비슷한 표현으로 Don't expect too much.와 Don't hold your breath.가 있습니다.

Kyle Tina, Ellen was in a car accident. We need you to take her role.

Tina What? No, I can't.

Kyle **Listen up.** We can't cancel the play. We're **desperate.**

Tina I've never played a big role like that.

Kyle **Loosen up a little** and **go for it.** You'll be great.

Tina **Don't get your hopes up.** I might ruin the play.

Kyle You can do it. **Break a leg!**

카일 티나, 엘렌이 차 사고를 당했어. 네가 엘렌 역을 맡아 줘야겠어.

티나 뭐? 안 돼. 난 못 해.

카일 잘 들어. 공연을 취소할 수는 없어. 지금 절박하다고.

티나 그렇게 큰 역은 맡아 본 적 없단 말이야.

카일 긴장 풀고 한번 해 봐. 넌 잘해 낼 거야.

티나 기대는 하지 마. 내가 공연을 다 망칠 수도 있어.

카일 넌 할 수 있어. 파이팅!

Listen up. 잘 들어

Listen up.은 뭔가 중요한 얘기를 하려고 할 때 상대방이 내 말에 귀 기울이도록 주의를 집중시키는 표현입니다. 주로 여러 사람들 앞에서 모두가 나에게 주목하도록 할 때 많이 쓰지만, 한 사람에게 말할 때도 쓸 수 있습니다.

---

desperate 절박한, 절실한

계속 실직 상태라 당장 밥 사 먹을 돈도 없을 정도로 절박하거나, 중소기업에서 사원을 구하지 못해 언제라도 회사가 멈출 것 같이 절박한 상황이거나, 이렇게 절박하고 절실한 상태를 desperate이라고 합니다. 그리고 be desperate for *something*은 '~이 절실하다', be desperate to do *something*은 '~하는 게 절실하다' 란 뜻입니다.

I'm desperate for a cigarette. 나 담배 한 개비가 절실해.
My dog is so desperate for a walk. 우리 개가 산책 나가고 싶어 죽으려고 해.
I'm desperate to get a job. 나 취업이 절실해.

Loosen up a little. 긴장 좀 풀어

loose는 '느슨해진'이란 뜻이고, loosen은 '느슨하게 하다'란 뜻입니다. 그리고 loosen up은 '긴장을 풀다', '마음을 편하게 갖다'란 뜻이어서 Loosen up a little.이라고 하면 "긴장 좀 풀어."란 말이 됩니다. relax와 마찬가지로 바짝 긴장하고 있는 사람에게 자주 쓰는 말입니다.

You're uptight. Loosen up a little. 너 너무 초조해한다. 긴장 좀 풀어.

Go for it. 한번 해 봐, 힘내!

go for it은 '목표를 향해 나아가다'란 뜻인데요. 상대방에게 무엇을 성취하도록 권하거나 부추길 때 "밀고 나가.", "밀어붙여."란 의미로 사용합니다. 그리고 허락을 묻는 상대방의 질문에 Go for it.이라고 답하면 "그렇게 해.", "해 봐."라는 승낙의 대답이 됩니다.

Stop hesitating and go for it. 그만 망설이고 한번 해 봐.
Go for it! You can beat him. 힘내! 네가 이길 수 있어.

Break a leg! 행운을 빈다, 파이팅!

Good luck.처럼 행운을 빈다는 의미로, 특히 연극, 연주, 무용 등 공연을 앞둔 사람을 응원하고 격려할 때 많이 쓰는 표현입니다.

It's your turn. Break a leg! 네 차례야. 행운을 빈다!

Don't judge me.
(이것 때문에) 날 이상하게 생각하지 마

룸메이트가 나에게 매일 라면만 먹냐고 얘기할 때 "Don't judge me. 이달 생활비가 부족해서 그래.", 밤늦게 남자와 함께 집에 오는 모습을 본 옆집 아줌마가 날 이상하게 쳐다볼 때 "Don't judge me. 남동생이에요." 이런식으로 나의 행동을 이상하게 또는 나쁘게 오해하는 사람에게 그런 게 아니니 이상하게 생각하지 말라는 뜻으로 쓰는 말입니다.

Sister   Why are you looking at me like that?

Brother   **Just because.**

Sister   You think my outfit looks crazy, don't you?

Brother   It's **a little off**.

Sister   **Don't judge me.**

Brother   Can you dress more like a normal person?

Sister   **You wish.** I hate normal.

Brother   I hope people don't think you're a **nutjob**.

누나   왜 그렇게 쳐다봐?

남동생   그냥.

누나   내 옷차림이 정상이 아니라고 생각하는 거지, 그치?

남동생   좀 지나치긴 하지.

누나   그렇다고 날 이상하게 보지는 말아 주라.

남동생   평범한 사람처럼 옷을 입을 수는 없을까?

누나   꿈도 크다. 난 평범한 건 질색이야.

남동생   사람들이 누나를 또라이라고 생각하지 않았으면 좋겠네.

Just because. 그냥

"그건 뭐 하러 들고 다녀?", "넌 걔를 왜 좋아해?" 이런 물음에 별다른 이유가 없어서 "그냥."이라고 대답할 때 Just because.라고 합니다. 비슷한 표현으로는 No reason.과 For no reason.이 있습니다.

A Why did you vote for him? 왜 그 사람을 뽑았어?
B Just because. 그냥.

a little off 좀 이상한

a little off는 육체적으로든 정신적으로든 상태가 별로 안 좋다고 할 때도 쓰고, 뭔가가 이상하거나 특이하다고 할 때도 사용합니다.

I'm a little off today. 오늘 몸이 좀 안 좋아.
You okay? You seem a little off. 너 괜찮니? 좀 안 좋아 보이는데.
He was acting a little off yesterday. 그가 어제 좀 이상하게 행동했어.

You wish. 꿈도 크다, 꿈 깨

상대방이 전혀 가능성 없는 희망 사항이나 혼자 착각해서 말도 안 되는 소리를 할 때 "꿈꾸고 있네.", "꿈 깨."란 의미로 You wish.라고 합니다. 비슷한 표현으로는 In your dreams.가 있습니다.

A I'll be a billionaire in three years. 난 3년 후에 억만장자가 될 거야.
B You wish. 참 꿈도 크셔.

nutjob 미친 사람, 또라이

nuts는 '미친', '정신 나간'이란 뜻이고, nutjob은 '정신 나간 사람', '미친 사람'을 의미합니다. nutter라고 하기도 합니다.

You're acting like a nutjob today. 너 오늘 또라이처럼 군다.

1 이것 좀 봐. (check)

2 조용히 해. (keep)

3 내가 방금 크게 말했니? (say that)

4 한번 해 볼 만해. (worth)

5 나 어때 보여? (look)

6 학교생활은 어때? (school)

7 진짜 신난다. (I'm)

8 실망시키지 않을게. (I won't)

9 일자리 구하는 게 힘들어. (I'm having)

10 너 때문에 순간 걱정했잖아. (for a second)

11 내 말 믿어도 좋아. (my word)

12 너무 기대하지는 마. (your hopes)

13 긴장 좀 풀어. (a little)

14 (이것 때문에) 날 이상하게 생각하지 마. (judge)

15 너 괜찮니? 좀 안 좋아 보이는데. (you seem)

정답 **1** Check it out. / Check this out. **2** Keep it down. **3** Did I just say that out loud? **4** It's worth a try. **5** How do I look? **6** How's school? **7** I'm so excited. **8** I won't let you down. **9** I'm having a hard time finding a job. **10** You had me worried for a second. **11** You can take my word for it. **12** Don't get your hopes up. **13** Loosen up a little. **14** Don't judge me. **15** You okay? You seem a little off.

I got lucky.

운이 좋았어

나의 좋은 일에 대해 상대방이 축하해 주거나 부러워할 때 단지 운이 좋았다고 겸손하게 대답하는 표현입니다. I got lucky. 또는 I was lucky.라고 합니다.

Tiffany	Look at your car! It's a **one of a kind**!
Shawn	She's a beauty. She's fast **as well**.
Tiffany	I wish I won the lottery, too.
Shawn	**I got lucky.**
Tiffany	Can I hop in?
Shawn	**Knock yourself out.**
Tiffany	How slick! **Money talks.**
Shawn	**You can say that again.**

티파니	이 차 좀 봐! 엄청 독특하다!
숀	차 너무 예쁘지. 게다가 속도도 좋아.
티파니	나도 복권 당첨됐으면 좋겠다.
숀	내가 운이 좋았지, 뭐.
티파니	한번 타 봐도 돼?
숀	맘대로 해.
티파니	멋지다! 돈이 좋긴 좋네.
숀	누가 아니래.

one of a kind 유일무이, 독특한

우리는 둘도 없는 오직 하나뿐인 것을 '유일무이'라고 하는데요. 영어로는 one of a kind라고 합니다. 세상에 하나뿐이란 말은 그만큼 '독특한', '특이한'이란 의미도 되죠. 찾기 힘든 귀한 물건이어서 좋은 뜻으로 이 표현을 쓰기도 하고, 특이한 사람을 일컫는 말로 쓰기도 합니다.

My brother is one of a kind. 우리 오빠는 진짜 특이해.

~ as well ~도, 또한

무엇에 관해 이런 점뿐만 아니라 '저런 점도' 있다고 하거나, 장을 보거나 음식을 주문하면서 '저것도' 달라고 할 때처럼 앞서 얘기한 것과 더불어 '~도'라고 덧붙여 얘기할 때 as well을 써서 말합니다.

I want some apples as well. 사과도 좀 주세요.
Is Sam coming as well? 샘도 와요?

Knock yourself out. 좋을 대로 해

상대방의 질문에 대해 "좋을 대로 해.", "맘대로 해."라며 상대방 뜻대로 하라고 말할 때 쓰는 표현입니다. 상대방이 내 제안을 거절하거나 내 말을 듣지 않아서 아쉬운 기분으로 "좋을 대로 해.", "맘대로 해."라고 할 때는 Suit yourself.를 주로 씁니다.

A Mom, can I play a game now? 엄마, 이제 게임해도 돼요?
B Knock yourself out. 맘대로 해.

Money talks. 돈이 좋긴 좋네, 돈이면 다 돼

'돈이 말을 한다'는 것은 돈이 있으면 원하는 것은 무엇이든 할 수 있고 얻을 수 있다는 뜻으로, 돈의 영향력을 강조해서 말할 때 사용합니다. 비슷한 표현으로 Money is power.와 Money can buy anything.이 있습니다.

You can say that again. 누가 아니래, 내 말이

두 번 말해도 좋다는 것은 그만큼 지당한 얘기라는 뜻이죠. 즉, 상대방의 말에 전적으로 동의해서 "내 말이 바로 그 말이야."란 뜻으로 사용합니다. 비슷한 표현으로 Tell me about it.이 있습니다.

It's not my thing.

내 취향이 아니야

Something is not my thing은 '~은 내 취향이 아니다', '~은 내가 잘하는 것이 아니다'란 뜻입니다. Cooking's not my thing.이라고 하면 "요리는 내 취향이 아니야."란 뜻이죠. 비슷한 표현으로는 It's not my cup of tea.가 있습니다. Musicals are not my cup of tea.라고 하면 "뮤지컬은 내 취향이 아니야."가 됩니다.

ex **Dance music isn't my thing.** 댄스 음악은 내 취향이 아니야.
That's not her cup of tea. 그건 그녀 취향이 아니야.

Rose Larry, you're coming to the Christmas party, right?

Larry I don't think so.

Rose The whole company will be there. It'll be fun.

Larry I'm not a **people person**.

Rose **We don't bite.**

Larry **I'd rather** be alone.

Rose **Come to think of it**, I've never seen you hanging out with anyone.

Larry **It's not my thing.**

로즈   래리, 크리스마스 파티에 올 거지, 그치?
래리   안 갈 것 같은데.
로즈   회사 사람들 전부 다 올 텐데. 재미있을 거야.
래리   내가 사교성이 좀 없어서.
로즈   너 안 잡아먹거든요.
래리   난 그냥 혼자 있는 게 나아.
로즈   그리고 보니 네가 누구랑 어울리는 걸 본 적이 없네.
래리   그런 걸 별로 안 좋아해서 말이야.

people person 사교성 좋은 사람

'사람들과 어울리는 걸 좋아하는 사람'을 people person이라고 하는데요. '혼자 있기를 좋아하는 사람'은 not a people person 또는 loner라고 하면 됩니다. 이외에도 다양한 명사를 person 앞에 붙여서 morning person(아침형 인간), dog person(개를 좋아하는 사람), cat person, coffee person, chocolate person, summer person, winter person과 같이 그 사람의 특성을 표현할 수 있어요.

I'm a summer person. 난 여름을 좋아해.
I'm a night person. 나는 야행성이야.

We don't bite. 안 잡아먹어

상대방이 나를 경계하면서 가까이 오지 않으려고 하거나, 나를 어려워할 때 "괜찮아. 안 잡아먹어."라고 말하기도 하죠. 영어로는 I don't bite. 나 I won't bite. 또는 I won't bite you.라고 합니다.

I'd rather ~ 차라리 ~하겠어

'~보다는 차라리 ~하는 게 낫겠다'라고 선택할 때 쓰는 표현입니다. 비교급 than을 써서 상황을 전부 설명해 줄 수도 있고 than 없이 짧게 사용할 수도 있어요.

I'd rather go to the beach. 바닷가에 가는 게 차라리 낫지.
I'd rather go to the beach than stay at home. 집에 있는 것보다 바닷가에 가는 게 낫지.

Come to think of it 그러고 보니, 생각해 보니

대화 중 갑자기 어떤 사실이 떠올라서 그걸 얘기하려 할 때 Come to think of it이라고 하는데요. '생각해 보니', '그러고 보니'란 뜻입니다.

Come to think of it, she never paid for dinner.
그러고 보니 걔가 저녁을 산 적이 한 번도 없어.

Come to think of it, she was talking to Kyle the other day.
그러고 보니 며칠 전에 그녀가 카일과 얘기하고 있었어.

Come to think of it, he looked weird this morning.
그러고 보니 그가 오늘 아침에 이상해 보였어.

Come to think of it, there's a twenty-four-hour coffee shop near the station.
생각해 보니 역 근처에 24시간 커피숍이 있어.

DAY 078

It's your call.
네가 결정해, 결정은 네가 하는 거야

여기서 call은 '결정', '판단'이란 뜻으로, 결정이나 판단은 상대방의 몫이라고 할 때 It's your call. 또는 그냥 Your call.이라고 합니다. 비슷한 표현으로는 It's up to you.(그건 너에게 달렸어.)가 있습니다. 참고로 Good call.은 "결정 잘했어.", "현명한 판단이야."란 뜻입니다.

Woman	**Let me get this straight.** Joe just lost his business and his house?
Man	Yes. We should help him out somehow.
Woman	What should we do?
Man	I don't know. **It's your call.**
Woman	Here's the deal. Let's do a GoFundMe fundraiser. Our friends will **chip in.**
Man	We can't expect big money.
Woman	**It's better than nothing.**
Man	You're right. **Anything helps.**

여자	그러니까 네 말을 정리하면, 조가 사업이랑 집을 다 잃었다는 거지?
남자	응. 우리가 어떻게라도 좀 도와야 할 텐데.
여자	어떻게 할까?
남자	난 잘 모르겠어. 네 결정에 따를게.
여자	이렇게 하자. 고펀드미 모금을 하는 거야. 친구들이 십시일반 돈을 내겠지.
남자	큰돈은 안 될 텐데.
여자	그래도 아예 안 하는 것보다는 낫잖아.
남자	맞아. 뭐라도 도움이 되긴 되겠지.

Let me get this straight. 그러니까 네 말을 정리하면

상대방의 얘기가 복잡하거나 믿기 어려운 경우, 상대방이 말한 내용을 다시 한번 확인하기 위해 Let me get this straight.라는 표현을 씁니다. "그러니까 네 말을 정리하면", "정리 좀 해 볼게."란 뜻입니다.

chip in 돈을 거두다, 함께 돈을 내다

누군가의 선물을 사거나 어려운 사람을 돕기 위해 여러 사람이 조금씩 돈을 모아 거두는 것을 chip in이라고 합니다.

Let's chip in for the animal shelter. 유기 동물 보호소에 보내게 다들 돈 좀 걷자.

We can buy him a nice present if everyone chips in.
우리가 돈을 걷으면 걔한테 좋은 선물을 사 줄 수 있어.

We all chipped in $20 for his present. 걔 선물 사 주려고 다들 20달러씩 냈어.

It's better than nothing. 없는 것보다는/안 하는 것보다는 낫지

구식 컴퓨터라도 없는 것보다는 낫고, 하루 10분 운동이라도 안 하는 것보다는 낫죠. 이처럼 별로 좋지 않은 거라도, 그리고 수나 양이 적더라도 아예 없는 것보다는 낫다고 할 때 It's better than nothing.이라고 합니다.

I know my car has lots of problems, but it's better than nothing.
내 차가 문제가 많긴 하지만, 그래도 아예 없는 것보다야 낫지.

Anything helps. 뭐라도 다 도움이 돼

미국에서는 가끔 길에서 HOMELESS, ANYTHING HELPS!(노숙자입니다. 뭔든 도움이 돼요!)라고 쓴 종이를 들고 서 있는 사람을 볼 수 있는데요. 돈, 음식, 옷 등 뭐든지 도움이 되니 좀 달라는 뜻이죠. 이렇게 도움이 절실한 상황에 쓸 수 있는 표현입니다.

We're collecting old stuff for people in need. Anything helps.
도움이 필요한 분들께 나눠 드리고자 안 쓰는 물건들을 수집하고 있습니다. 아무거나 다 가져오시면 됩니다.

Let's play it by ear.

그때 봐서 정하자

play it by ear는 미리 결정하지 않고, 그때그때 상황을 봐서 어떻게 할지 정한다는 의미입니다. 연주자들이 악보를 보지 않고 서로의 음을 귀로 들어가며 흐름에 맞춰 연주할 때 쓰는 표현으로, 즉흥성에 무게를 두고 있어요.

ex We can't make a decision yet. Let's play it by ear.
아직 결정을 못 내리겠으니까 그때 가서 보자.

Dad What's our plan for the weekend?

Mom Jack says hiking, Don says movies, Julie says beach.

Dad Can they agree on one thing **for once**?

Mom **In your dreams.**

Dad **Let's play it by ear.**

Mom I'll just **go with the flow.**

Dad **I was gonna say the exact same thing.**

Mom Kids!

아빠 주말에 우리 뭐 할 거야?
엄마 잭은 하이킹 가자고 하고, 돈은 영화 보자고 하고, 줄리는 바닷가에 가자고 하네.
아빠 단 한 번이라도 좀 의견을 모으면 안 된대?
엄마 꿈도 크셔라.
아빠 그때 봐서 정해야겠네.
엄마 난 그냥 대세를 따를 거야.
아빠 나도 방금 그 말 하려고 했는데.
엄마 아이들이란. 참!

for once 한 번쯤은, 한 번이라도, 이번만은, 처음으로, 딱 한 번

말을 안 듣는 아이에게 '한 번쯤'은 말 좀 들으라고 하거나, 맨날 지각하던 사람이 처음으로 '딱 한 번' 제시간에 왔을 때 등 평소와 다르게 '한 번쯤은', '딱 한 번' 바람직한 무엇을 한다고 하거나 했다고 할 때 for once를 씁니다.

Please just listen to me for once. 한 번쯤은 그냥 내 말 좀 들어 줘.
For once, I agree with you. 이번만은 너와 같은 의견이야.
Just for once, she came to work on time. 처음으로 (딱 한 번) 그녀가 제시간에 출근했다.

In your dreams. 꿈꾸고 있네, 꿈 깨

아무도 그렇게 생각하지 않는데 상대방 혼자 착각해서 헛소리를 할 때는 In your dreams.라고 말해 주세요. "네 꿈속에서나 그렇겠지."란 뜻입니다. 상황에 따라 "꿈꾸고 있네.", "꿈 깨.", "네 희망 사항이겠지.", "혼자 착각하고 있네." 등의 의미로 쓸 수 있어요. 비슷한 표현으로는 You wish.와 Dream on.이 있습니다.

A She seems to like me. 쟤 날 좋아하는 것 같아.
B In your dreams. 네 희망사항이겠지.

go with the flow 흐름을 따르다, 대세를 따르다

직역하면 '흐름에 맞춰 가다'인데요. 상황을 바꾸려 들지 않고 자연스럽게 흐름에 맞춰 행동하거나, 내 의견을 내세우지 않고 다른 사람들의 의견에 따르겠다는 의미입니다. '흐름에 따르다', '대세를 따르다'란 말입니다.

Just go with the flow. 그냥 자연스럽게 흐름에 맞춰 행동해.
I'm fine with anything. I'll go with the flow. 난 뭐든 괜찮아. 하자는 대로 하지, 뭐.

I was gonna say exactly the same thing.
나도 방금 그 말 하려고 했어

내가 얘기하려던 말이나 감정을 상대방이 먼저 말했을 때 "나도 방금 그 말 하려고 했는데."란 의미로 I was gonna say exactly the same thing.이라고 합니다. I was about to ask you the same thing.이라고 하면 "나도 같은 거 물어보려고 했는데."가 됩니다.

A What the hell are you doing here? 너 도대체 여기서 뭐 하는 거야?
B I was about to ask you the same thing. 나도 지금 그거 물어보려던 참이었는데.

Who cares?

알게 뭐야?, 누가 신경이나 쓴대?

상대방이 걱정하거나 중요하다고 생각하는 것에 대해 동의하지 않을 때 "누가 신경 쓴다고 그래?", "알게 뭐야?"라고 하잖아요. 이렇게 무엇에 대해 신경 쓰는 사람도 없고 대수롭지 않다고 말할 때 Who cares?라고 합니다. 같은 의미로 No one cares.라고 해도 됩니다.

Husband **What are you doing up so late?**

Wife I can't sleep. Should we **grab a bite**?

Husband Sure. What are you thinking?

Wife How about ramen? Nothing's better than ramen at night.

Husband **I couldn't agree more.**

Wife Three packs with rice and kimchi.

Husband **There goes** your diet, though.

Wife **Who cares?** Let's **dig in**.

남편 밤 늦게 안 자고 뭐 해?

아내 잠이 안 와서. 우리 간단하게 뭐 좀 먹을까?

남편 그러지, 뭐. 뭐 먹었으면 좋겠는데?

아내 라면 어때? 밤에 먹는 라면 만한 건 없지.

남편 전적으로 동의.

아내 세 봉지 끓여서 밥이랑 김치랑 먹자.

남편 그러면 자기 다이어트는 물 건너가는데.

아내 알 게 뭐야? 먹자.

What are you doing up so late? 늦게까지 안 자고 뭐 해?

up이 '안 자고 깨어 있는'이란 뜻이어서 up late는 '늦게까지 안 자고 있는'이란 의미입니다. 그래서 You're up late.라고 하면 "너 늦게까지 안 자고 있네."란 말이고, What are you doing up so late?라고 하면 "늦게까지 안 자고 뭐 해?"란 말이 됩니다.

Why are you up so late? 왜 늦게까지 안 자고 있어?

grab a bite (to eat) 간단히 먹다

grab은 손으로 '잡다'는 뜻이고, a bite (to eat)은 '간단한 음식'을 의미해서 grab a bite (to eat)은 '간단한 음식을 잡고 먹다', 즉 '간단히 식사하다'란 말이 됩니다. 제대로 차려 먹는 식사가 아니라 햄버거나 샌드위치 등 가볍게 끼니를 때울 때 쓰는 표현입니다.

Wanna grab a bite to eat? 간단하게 뭐 좀 먹을래?
Let's grab a bite to eat. 간단히 뭐 좀 먹자.
I'm gonna grab a bite. 간단하게 먹을래.

I couldn't agree more. 전적으로 동의해

I couldn't agree with you more.의 준말로 상대방의 의견에 전적으로 동의한다고 할 때 쓰는 표현입니다. "전적으로 동의해.", "완전 동감이야."란 의미로 I agree with you 100 percent.나 I totally agree with you.라고 해도 됩니다.

There goes ~ ~는 이제 물 건너갔네

There goes ~는 실제로 뭐가 지나간다는 의미로 쓰기도 하지만, 어떤 기회가 물거품이 되거나, 계획했던 일이 무산되었을 때 '~는 이제 물 건너갔다'는 의미로 사용합니다.

There goes my weekend. 주말 다 망쳤네.

dig in 먹다

'땅을 판다'는 뜻의 dig in이 음식을 '먹기 시작하다'란 뜻으로도 쓰이는데요. 그냥 먹는 게 아니라 작정하고 '실컷 먹다', '맘껏 먹다'는 의미를 가지고 있습니다.

Can I dig in now? 이제 먹어도 돼?
Dig in, everybody. 모두 먹어.

Day 76~80 주어진 어휘를 이용해서 문장을 만들어 보세요.

1 운이 좋았어. (I got)

2 좋을 대로 해. (knock)

3 내 취향 아니야. (thing)

4 안 잡아먹어. (I don't)

5 네가 결정해. (call)

6 그러니까 네 말을 정리하면. (straight)

7 없는 것보다 낫지. (better)

8 그때 봐서 정하자. (ear)

9 한 번쯤은 그냥 내 말 좀 들어 줘. (please just)

10 그냥 자연스럽게 흐름에 맞춰 행동해. (flow)

11 나도 똑같은 말 하려고 했어. (say)

12 알게 뭐야? (who)

13 늦게까지 안 자고 뭐 해? (so late)

14 간단히 뭐 좀 먹자. (a bite to eat)

15 전적으로 동의해. (I couldn't)

정답 **1** I got lucky. **2** Knock yourself out. **3** It's not my thing. **4** I don't bite. **5** It's your call. **6** Let me get this straight. **7** It's better than nothing. **8** Let's play it by ear. **9** Please just listen to me for once. **10** Just go with the flow. **11** I was gonna say exactly the same thing. **12** Who cares? **13** What are you doing up so late? **14** Let's grab a bite to eat. **15** I couldn't agree more.

What's the occasion?
오늘 무슨 날이니?(평소와 다름에 대한 반응)

친구가 한껏 멋부리고 나타났거나, 엄마가 갑자기 진수성찬을 차려 놨을 때 등 상대방이 평소와 달리 특별한 모습이나 행동을 할 때 "무슨 날이니?"란 뜻으로 쓰는 표현입니다. '경우'와 '행사'를 의미하는 occasion을 이용해서 What's the occasion?이라고 합니다.

Wife	Surprise!
Husband	**You scared the shit out of me. What's the occasion?**
Wife	It's your birthday.
Husband	That's right. **I'm not myself today.**
Wife	You've been **way too** busy. You need to take a break.
Husband	**I wish I could, but I can't.** Tons of things to do.
Wife	You poor thing!
Husband	I'm OK. By the way, thank you for the surprise.

아내	서프라이즈!
남편	간 떨어질 뻔했네. 오늘 무슨 날이야?
아내	당신 생일이잖아.
남편	아, 맞다. 오늘 내가 정신이 없어서 말이야.
아내	당신 요새 너무 바빴어. 좀 쉬어야 할 것 같은데.
남편	나도 그러고 싶은데, 그럴 수가 없네. 해야 할 일이 산더미야.
아내	아우 불쌍해라!
남편	난 괜찮아. 그나저나 깜짝 축하 고마워.

You scared the shit out of me. 너 때문에 간 떨어질 뻔했잖아

누가 갑자기 뒤에서 나타나거나 큰 소리로 놀래킬 때 "너 때문에 간 떨어지는 줄 알았어."라고 하잖아요. 바로 이때 쓰는 표현이 You scared the shit out of me.입니다. shit 대신 hell을 넣어서 You scared the hell out of me.라고도 합니다.

I'm not myself today. 내가 오늘 제정신이 아니야

너무 바빠서 정신없는 날, 혹은 나사 빠진 사람처럼 하루 종일 실수만 연발하는 날 "오늘따라 정신이 없다."고 말하죠. 영어로는 I'm not myself today.라고 합니다. 주어를 바꿔서 사용할 수도 있어요.

She's not quite herself today. 쟤 오늘 제정신이 아니야.

way too ~ 진짜 너무 ~하다, 너무나도 ~하다

too는 부사로 '너무'라는 뜻인데요. 단순히 '너무 ~하다'란 말로는 부족할 정도로 무엇의 정도가 심할 때는 '진짜, 매우'란 뜻의 부사 way를 추가해서 way too ~라고 말합니다. way too much, way too soon, way too fast, way too strong 등 다양하게 사용합니다.

We've waited way too long. 우리 너무나도 오래 기다렸어.
You're way too young. 넌 진짜 너무 어려.
This is way too salty. 이건 짜도 너무 짜다.

I wish I could, but I can't. 나도 그러고 싶은데, 그럴 수가 없네

"모델처럼 예뻤으면 좋겠다.", "돈이 많았으면 좋겠다."처럼 현실은 그렇지 않지만 '~였으면 좋겠다'고 자신의 희망을 말할 때는 'I wish 주어+동사과거형'을 씁니다. I wish 뒤에는 과거형의 문장이 오지만 가정법이기 때문에 의미는 현재입니다. I wish 뒤의 문장에서 be동사가 올 때는 was와 were 둘 다 쓸 수 있어요.

I wish I were taller. 키가 더 컸더라면 좋았을 텐데.
I wish I was her. 내가 그녀였으면 좋겠다.
I wish I had a girlfriend. 여자 친구가 있었으면 좋겠어.
I wish I didn't have to work. 일 안 해도 되면 좋겠다.
I wish he would disappear. 그가 사라졌으면 좋겠어.

DAY 082

What about it?
그게 뭐?, 그래서 어쨌다는 건데?

상대방이 어떤 얘기를 꺼냈을 때 단순히 무슨 얘기를 하려는 건지 궁금해서 "그게 뭐?", "그게 왜?"라고 물을 때도 쓰고, 상대방이 묻는 의도가 마음에 들지 않아서 "그래서 그게 뭐?", "그래서 어쨌다는 건데?"란 뜻으로도 쓰는 표현입니다.

ex **A** Do you remember the book I was telling you about?
내가 너한테 얘기했던 책 기억 나?

B Sure. What about it? 응, 그게 왜?

Brother **Just out of curiosity**, why do you like Charles so much?

Sister He's so handsome, and handsome, and… handsome.

Brother So **it's all about** how he looks.

Sister What else is there?

Brother He's selfish, mean and temperamental. **In a nutshell**, he's not a good man.

Sister **What about it?** He's still handsome.

Brother He's a womanizer.

Sister **Mind your own business.**

오빠 궁금해서 그러는데, 넌 찰스가 왜 그렇게 좋아?

여동생 잘생긴 데다가, 잘생겼고, 또… 잘생겼으니까.

오빠 그러니까 결국 외모 때문이네.

여동생 외모 말고 또 뭐가 중요한데?

오빠 이기적이기, 못됐지, 게다가 화 잘내지. 한마디로 좋은 남자가 아니라니까.

여동생 그래서 그게 뭐? 여전히 잘생겼으면 됐지.

오빠 그 녀석 바람둥이라니까.

여동생 오빠 일이나 신경 쓰셔.

Just out of curiosity 그냥 궁금해서 그러는데

"그냥 궁금해서 그러는데, 너는 왜 반팔을 안 입어?", "그냥 궁금해서 그러는데, 너 어제 어디 갔었어?" 이렇게 질문에 앞서 어떤 저의가 있는 게 아니라 단순히 궁금해서 묻는 것이니 심각하게 받아들이지 말라는 의미로 Just out of curiosity를 사용합니다. 별뜻 없이 묻는 말이라고는 하지만 사실 속으로는 무척 궁금한 것을 묻는 경우가 많습니다. 줄여서 Out of curiosity라고도 합니다.

It's all about ~ 제일 중요한 건 ~이다

직역하면 '전부 다 ~에 관한 거다'인데, 즉 '~가 제일 중요하다'란 말입니다. it 대신 구체적인 주어를 넣어서 '~에 있어서 제일 중요한 건 ~이다'라고 표현할 수도 있습니다.

It's all about confidence. 제일 중요한 건 자신감이야.
It's all about appearance in this business. 이 업계에서 제일 중요한 건 외모야.
Football is all about teamwork. 미식축구에서 제일 중요한 건 팀워크야.
Life is all about timing. 인생에서 제일 중요한 건 타이밍이야.

in a nutshell 한마디로 말하면

무엇에 관해 길게 설명하지 않고 한마디로 요지만 말하려고 할 때 in a nutshell이라고 합니다. 고대 로마의 시인 호머 일리아드가 시를 쓸 때 시 한 편이 견과류 껍데기(nutshell) 안에 다 들어갈 정도로 글씨를 작게 쓴 데서 유래되었다고 해요. briefly와 in short 도 같은 의미로 씁니다.

In a nutshell, I didn't get promoted. 결론만 말하자면, 내가 결국 승진을 못 했다는 거지.

Mind your own business. 네 일이나 신경 써

상대방이 쓸데없이 개인적인 일에 대해 물어보거나 귀찮게 남의 일에 간섭할 때 "네 일이나 신경 써."란 뜻으로 Mind your own business.라고 합니다. 비슷한 표현으로는 "네가 알 바 아니잖아."란 뜻의 None of your business.가 있습니다.

It happens all the time.

항상 있는 일이에요

문장 그대로 "항상 있는 일이야.", "흔한 일이야.", "자주 있는 일이야."라는 뜻인데요. 특히 흔히 있는 별것 아닌 일로 걱정하는 상대방을 안심시킬 때 자주 사용됩니다.

ex A The Internet is down again. 인터넷이 또 다운됐어.
B It happens all the time. You'll get used to it.
늘 있는 일이야. 곧 적응할 거야.

Ian	Shoot! I think I broke your bathroom door knob.
Erin	Did the whole thing **come off**?
Ian	Yeah. I didn't even yank it. Sorry!
Erin	No worries. **It happens all the time.** Just push it back in.
Ian	I can fix it easy.
Erin	I forgot you're handy. **Do you mind?**
Ian	Not at all. **I'll get right on it.**
Erin	Thank you. **It's so good to have you around.**

이안	이런! 아무래도 내가 너희 집 화장실 문손잡이를 고장 낸 것 같은데.
에린	통째로 빠졌지?
이안	어. 세게 잡아당기지도 않았는데. 미안해!
에린	걱정할 거 없어. 자주 그러거든. 그냥 다시 끼워 놔.
이안	내가 금방 고칠 수 있는데.
에린	네가 손재주 좋다는 걸 내가 깜빡했다. 그래 줄 수 있어?
이안	당연하지. 지금 바로 할게.
에린	고마워. 네가 있어서 참 다행이야.

come off 떨어지다, 떼어 내다

(뚜껑이) 열리다, (단추, 라벨 등 붙어 있던 것이) 떨어지다, (모자 등을) 떼어 내다, (페인트가) 벗겨지다, (때, 얼룩, 껌 등을) 제거하다… 이렇게 우리말 표현은 조금씩 다르지만, 영어로는 무엇이든 붙어 있던 것이 '떨어지다' 또는 무언가를 '떼어 내다'라고 할 때 come off라는 표현을 사용합니다

The lid is stuck and won't come off. 뚜껑이 꽉 끼여서 안 열려.

A button has come off my shirt. 셔츠에서 단추가 떨어졌어.

Does this hood come off? 이 모자 분리되나요?

Do you mind? 그래 줄래?, 그래도 돼?

mind는 허락을 묻는 상황에서 Do you mind if ~?(~해도 될까요?), Would you mind -ing ~?(~해 주시겠어요?) 등의 형태로 많이 쓰는데요. 그냥 Do you mind?와 Would you mind?는 정중하게 "그래 줄래요?", "그래도 될까요?"란 의미로 쓰기도 하고, 상대방의 행동이나 말이 못마땅해서 "좀 비켜 줄래요?", "좀 가 주실래요?", "좀 조용히 해 줄래요?" 등의 의미로 쓰기도 합니다.

I'll have to leave early today. Would you mind?
오늘 일찍 들어가 봐야 할 것 같은데, 괜찮을까요?

Do you mind? I was here before you. 좀 비켜 줄래요? 제가 먼저 왔거든요.

I'll get right on it. 지금 바로 할게

get right on *something*은 '~을 즉시 하다'란 뜻으로, 상대방의 요청에 대해 지금 바로 하겠다고 대답할 때 I'll get right on it. 또는 I'll get right on that.이라고 합니다. 쉬운 표현으로 I'll do it right now.라고 해도 됩니다.

A I want you to fax these files to LG. LG에 이 자료들 좀 팩스로 보내 주세요.

B I'll get right on it. 지금 바로 보내겠습니다.

It's so good to have you around. 네가 있어서 정말 다행이다

good to have *somebody* ~는 '~가 있어서 좋다'란 뜻인데요. 뒤에 오는 단어에 따라 back(돌아와서), home(집에 와서), here(여기 있어서), around(곁에 있어서) 등의 의미가 됩니다. '~가 곁에 있어서 다행이다/든든하다'라고 할 때도 쓸 수 있습니다. good 대신 great을 써서 말해도 됩니다.

It's good to have you home. 네가 집에 와서 좋다.

It's great to have you back. 네가 돌아와서 정말 기뻐.

It's good to have Melvin here. 멜빈이 여기 있어서 든든해.

I can hardly wait.

너무 기다려져

hardly는 '거의 ~아니다'란 뜻으로 can hardly는 '거의 ~할 수 없다'는 의미입니다. 그래서 I can hardly wait.라고 하면 "기다릴 수가 없어.", "너무 기다려져."란 말이 됩니다. 너무 기대되는 여행이나 파티, 결혼식 등 빨리 그날이 왔으면 좋겠다고 바라는 일에 대해 말할 때 자주 사용합니다.

ex **I can hardly remember.** 거의 기억이 안 나.
I can hardly believe it. 좀처럼 믿을 수가 없어.

Girl	You know what? I'm going to Hawaii for spring break.
Boy	That sounds fun. **I'm so jealous.**
Girl	**Put some music on.** Do you know any Hawaiian songs?
Boy	Let me **look** some **up** on YouTube.
Girl	Oh, I need to go shopping for a new swimsuit, too.
Boy	**Don't get carried away.** It's three months away.
Girl	I know. **I can hardly wait.**
Boy	**Hold your horses.**

소녀	그거 알아? 나 봄방학에 하와이 간다.
소년	재밌겠다. 부럽네.
소녀	음악 좀 틀어 봐. 하와이 노래 뭐 아는 거 있어?
소년	유튜브에서 찾아볼게.
소녀	아, 나 수영복 사러 쇼핑도 가야 하는데.
소년	너무 흥분해서 방방 뜨지는 마라. 아직 3개월이나 남았다.
소녀	알아. 빨리 가고 싶어.
소년	진득하게 기다려.

Key Expressions

I'm so jealous. 너무 부럽다

남이 부러우면 샘이 나겠죠. 영어로는 부러울 때 '시샘하는, 질투하는'이란 뜻의 jealous를 써서 be jealous로 표현합니다. 좀 더 구체적으로 be jealous of ~는 '~가 부럽다'는 말입니다.

She's so jealous of you. 걔 너 엄청 부러워해.
You're just jealous of his success. 넌 그냥 그의 성공이 부러운 거야.

Put some music on. 음악 좀 틀어 봐

put on은 '옷을 입는다'는 의미도 있지만, '음악이나 영상을 튼다'는 의미도 있습니다. 집이 썰렁해서 음악 좀 틀어보라고 하거나, 차에 타서 음악을 틀어 보라고 할 때 Put some music on. 또는 Put on some music.이 라고 합니다.

Why don't you put some music on? 음악 좀 트는 게 어때?
I'm gonna put on some music. 음악 좀 틀게.

look *something* up (책·인터넷에서) 찾아보다

구글이나 유튜브 같은 인터넷이나 사전, 전화번호부, 졸업 앨범 등 어디서든 원하는 정보를 찾아본다고 할 때 쓰는 표현입니다. 그냥 Look it up.이라고 하면 "찾아봐."란 말이 됩니다.

Look it up on the Internet. 인터넷에서 찾아봐.
I looked it up online. 인터넷으로 찾아봤어.

Don't get carried away. 흥분하지 마, 정신줄 놓지 마

대화나 상황에 몰두해서 자제력을 잃고 흥분할 때가 있죠. 기분이 좋아서일 수도 있고 화가 나서일 수도 있는데요. 두 경우 다 get carried away라고 표현합니다. 우리말 속어 중 '정신줄을 놓다'와 비슷한 의미입니다.

I got carried away and talk too much. 내가 흥분해서 말을 너무 많이 했어.
Whoa, whoa. Let's not get carried away! 워~ 워~, 우리 너무 들뜨지 말자!

Hold your horses. (조급하지 말고) 기다려 봐, 서두르지 마

상대방이 조급해서 섣불리 결정하거나 행동하려고 할 때 "서두르지 말고 기다려."라는 뜻으로 하는 말입니다.

211

Tell me about it.

누가 아니래, 그러게 말이야

어떤 대상에 대해 불평하는 상대방에게 나도 익히 잘 알고 있다고 할 때 쓰는 동감의 표현입니다. 상황에 따라 "누가 아니래.", "그러게 말이야.", "내 말이." 등의 의미가 됩니다. 비슷한 표현으로는 You can say that again.과 That's what I'm saying. 등이 있습니다.

Sister	Be a good boy while I'm gone.
Brother	**Can I tag along?**
Sister	Are you nuts? It's **girls' night out.**
Brother	Please. I'll be good.
Sister	Nooooo! **Stop bugging me.**
Brother	**I'm bored to death.**
Sister	That's your problem.
Brother	Siblings **stink!**
Sister	**Tell me about it.**

누나	누나 없는 동안 착하게 잘 있어.
남동생	나 따라가도 돼?
누나	미쳤냐? 여자들 밤마실이거든.
남동생	제발. 얌전히 있을게.
누나	안돼애애! 그만 좀 귀찮게 해.
남동생	심심해 죽겠단 말이야.
누나	그거야 네 사정이고.
남동생	남매란 건 진짜 개똥 같다니까!
누나	누가 아니래.

Can I tag along? 나 따라가도 돼?

상대방의 행선지에 따라가는 것을 tag along이라고 해요. 그래서 "나 따라가도 돼?"라고 물어볼 때는 Can I tag along? 또는 Mind if I tag along?이라고 합니다. 여러 명 사이에 끼어서 가려고 할 때 "꼽사리 껴도 돼?"라고 말하는 것과 비슷합니다.

I used to tag along with my mom everywhere. 예전엔 엄마가 어딜 가든 따라다녔었지.
You can tag along if you want. 따라오고 싶으면 따라와도 돼.

girls' night out 여자들 밤마실

기분 전환이나 재미를 위해 저녁에 몰려 나가 노는 것을 night out이라고 합니다. 여자들만 모이는 것을 girls' night out이라고 하는 것처럼 같이 놀러 나가는 사람들이 누구냐에 따라 guys' night out, moms' night out, dads' night out 등으로 구분 지어 말할 수 있어요.

Let's have a moms' night out. 엄마들끼리만 모여서 나가자.

Stop bugging me. 그만 좀 귀찮게 해

파리나 모기 같은 벌레가 계속 주변을 맴돌면 성가시고 짜증 나죠. 명사로 '벌레'란 뜻의 bug가 동사로는 '귀찮게 하다', '성가시게 하다'란 뜻으로 쓰입니다.

My brother keeps bugging me. 내 남동생이 날 계속 귀찮게 해.
It bugs me when people speak before they think. 사람들이 생각 안 하고 말할 때 짜증 나.

I'm bored to death. 심심해 죽겠어

무서워 죽겠다, 심심해 죽겠다, 얼어 죽겠다… 이렇게 극한 상태에 달했음을 강조하기 위해 '죽겠다'는 표현을 쓰는데요. 영어에서도 마찬가지로 to death를 붙여서 말합니다.

My CAT scan results will come out today. I'm scared to death.
내 CT 촬영 결과가 오늘 나오는데 겁나 죽겠어.
I'm freezing to death. 얼어 죽을 것 같아.

~ stinks ~가 구리다, 형편없다, 마음에 안 든다

stink는 원래 '(안 좋은) 냄새가 나다'란 뜻이지만 ~ sucks처럼 무엇이 형편없고 구리다고 할 때 ~ stinks라고 표현합니다. 또한 뭔가 수상함을 느끼고 '냄새가 난다'고 할 때도 사용합니다.

We canceled our trip due to rain. It stinks!
비가 오는 바람에 여행을 취소했다니까. 거지 같아 죽겠어!

Day 81~85 주어진 어휘를 이용해서 문장을 만들어 보세요.

1 오늘 무슨 날이니? (occasion)

2 너 때문에 간 떨어질 뻔 했잖아. (shit)

3 내가 오늘 제정신이 아니야. (myself)

4 나도 그러고 싶은데, 그럴 수가 없어. (wish)

5 그게 뭐? (what)

6 제일 중요한 건 자신감이야. (confidence)

7 네 일이나 신경 써. (mind)

8 항상 있는 일이에요. (all the time)

9 지금 바로 할게. (I'll get)

10 너무 기다려져. (hardly)

11 너무 부럽다. (I'm so)

12 음악 좀 틀어 봐. (put some)

13 누가 아니래. (tell)

14 나 따라가도 돼? (tag)

15 그만 좀 귀찮게 해. (bug)

정답 **1** What's the occasion? **2** You scared the shit out of me. **3** I'm not myself today. **4** I wish I could, but I can't. **5** What about it? **6** It's all about confidence. **7** Mind your own business. **8** It happens all the time. **9** I'll get right on it. **10** I can hardly wait. **11** I'm so jealous. **12** Put some music on. **13** Tell me about it. **14** Can I tag along? / Mind if I tag along? **15** Stop bugging me.

What's not to like?
안 좋을 게 뭐야?

영어 문장 그대로 "안 좋을 게 뭐야?"란 뜻으로, 무엇이 딱히 흠잡을 것 없이 좋을 때 쓰는 표현입니다. 무엇에 관해 어떻게 생각하냐는 상대방의 질문에 대해 "마음에 든다.", "좋다."는 대답을 돌려서 표현할 때도 사용합니다.

ex My daughter-in-law is smart, pretty, sweet... What's not to like?
우리 며느리는 똑똑하지, 예쁘지, 착하지… 그 이상 뭘 더 바라겠어?

Sister   **I got canned.**

Brother **I'm happy for you.**

Sister   Listen to you, you bastard!

Brother What? You always wanted to quit.

Sister   Do you really think I like losing my job?

Brother **What's not to like?** Now you're free.

Sister   **No wonder you don't have any friends.
Grow up!**

Brother Who needs friends? **I don't give a shit.**

누나   나 회사에서 잘렸어.
남동생   그것 참 잘됐군.
누나   이놈의 자식, 말하는 것 좀 봐!
남동생   뭐가? 누나 항상 관두고 싶어 했잖아.
누나   너는 내가 직장 잃고 진짜로 좋아할 줄 알았니?
남동생   안 좋을 건 또 뭐야? 이젠 자유의 몸인데.
누나   이러니 네가 친구가 하나도 없지. 철 좀 들어라!
남동생   친구 따위 뭐 하러 키워? 난 개뿔도 관심없네요.

I got canned. 나 잘렸어, 나 해고됐어

'변기 물을 내린다'는 뜻의 군대 속어인 shit canned에서 유래한 말로 can은 '(직장에서) 자르다'란 의미로도 씁니다. 쓸모 없어져서 변기에 넣고 물 내리듯 잘라버린다는 뜻이죠.

He canned Betty. 그가 베티를 해고했어.
Who do you think will be the first to get canned? 누가 가장 먼저 잘릴 것 같아?

I'm happy for you. 참 잘됐다

상대방에게 생긴 좋은 일에 대해 "참 잘됐다."라며 함께 기뻐해 주는 표현입니다. 비슷한 말로는 Good for you.가 있습니다. happy for *somebody* 형태로 누군가의 잘된 일에 대해 기뻐할 때 사용합니다.

I told my mom that I'm pregnant, and she was so happy for me.
임신했다고 엄마한테 말했더니 엄청 좋아하시더라고.
Jim and Kim make such a great couple. I'm really happy for them.
짐이랑 킴이랑 아주 잘 어울려. 정말 잘된 거 같아.

No wonder you don't have any friends. 그러니 네가 친구가 없지

"그러니 아직 결혼을 못 하지.", "그러니 걔가 화났지.", "그러니 네 아내가 널 떠났지."처럼 '그러니 ~하지'라고 말할 때 No wonder ~ 표현을 씁니다. 직역하면 '~하는 게 당연하다'니까 곧 '그러니 ~하지'란 말이 됩니다.

No wonder you stayed single. 그러니 네가 아직 싱글이지.
No wonder she left you. 그러니 그녀가 널 떠났지.
No wonder he's angry. 그러니 그가 화내지.

Grow up. 철 좀 들어라

Grow up.은 자라서 어른이 되라는 뜻이니까 곧 "철 좀 들어."란 말입니다. 어린애처럼 유치하고 미숙한 행동을 하는 사람에게 사용합니다. When are you gonna grow up?이라고 하면 "너 언제 어른 될래?", "너 언제 철 들래?"란 말이 됩니다. 비슷한 표현으로는 Act your age.(나잇값 좀 해.)가 있습니다.

I don't give a shit. 개뿔도 관심 없어

"난 관심 없어.", "난 신경 안 써."라고 할 때는 I'm not interested.나 I don't care.라고 하지만 좀 더 강하게 표현할 때는 I don't give a shit.이라고 합니다. do not give a shit은 다른 사람이나 무엇에 관심도 없고 신경도 안 쓴다는 뜻이에요. 저속한 표현이니 주의해서 사용해야 합니다.

Give me a break.
그만 좀 해, 좀 봐주라, 말도 안 돼

Give me a break.는 상대방이 계속 날 나무라거나 잔소리해서 힘들게 할 때 "그만 좀 해."라는 의미로도 쓰고, 상대방이 나에게 너무 엄하게 굴 때 "좀 봐 줘.", "너무 그러지 마.", "한 번만 기회를 줘."라는 의미로도 씁니다. 그리고 상대방이 터무니없는 얘기를 해서 믿기지 않거나 어이가 없을 때 "말도 안 되는 소리."란 뜻으로도 씁니다.

(on the phone)

Noah Kalia? **I finally got hold of you.**

Kalia Oh, Noah. **Long time no talk.**

Noah I've been calling you, you know.

Kalia Sorry. I was busy.

Noah Are you trying to ditch me?

Kalia **Give me a break. Why would I do that?**

Noah Then can you talk now?

Kalia Oops! **I'm getting another call. I'll call you back.**

(전화 통화)

노아 칼리아? 드디어 너랑 연락이 됐네.

칼리아 아, 노아구나. 오랜만에 목소리 듣네.

노아 내가 계속 전화했었어, 알아?

칼리아 미안. 바빴어.

노아 나 떼어 놓으려고 그런 건 아니고?

칼리아 말도 안 되는 소리 하지 마. 내가 왜 그러겠냐?

노아 그럼 지금 통화할 수 있어?

칼리아 어머나! 다른 전화가 들어오네. 내가 다시 전화할게.

I finally got hold of you. 드디어 너랑 연락이 됐네

주변에 종종 잠수를 타는 사람들이 있죠. 본인은 편하겠지만 상대방은 답답하기도 하고 무슨 일이 있는 건 아닌지 걱정되기도 하죠. "너 걔랑 연락됐니?", "걔랑 연락이 안 돼." 이렇게 누구와 연락이 되거나 안 된다고 할 때는 get hold of *somebody*를 사용합니다.

Did you get hold of Angie? 너 앤지랑 연락됐어?
I can't get hold of him. 그와 연락이 안 돼.
How do I get hold of her? 걔한테 어떻게 연락해?

Long time no talk. (전화상으로) 오랜만이야

한동안 보지 못했던 사람을 만나면 오랜만이라고 Long time no see.라고 인사하는 것처럼 한동안 통화하지 못했던 사람과 전화 통화를 하는 경우엔 '대화한 지 오래됐다'란 뜻으로 Long time no talk.라고 합니다. 같은 의미로 We haven't spoken in a while. 또는 Long time no hear.도 있습니다.

Why would I do that? 내가 왜 그러겠어?

would는 '하겠다'란 의지를 나타내는 조동사여서 상대방이 내 행동이나 의도를 오해할 때 Why would I ~? 라고 하면 '내가 왜 ~하겠어?'란 말이 됩니다. 그냥 짧게 Why would I?라고 하면 "내가 왜?"란 말이고, I wouldn't do that.이라고 하면 "나라면 절대 안 그런다."는 말입니다.

Why would I want to do that? 내가 왜 그러고 싶겠어?
Why would I pretend that? 내가 왜 그런 척을 하겠어?

I'm getting another call. 다른 전화 들어온다

통화 중 다른 전화가 걸려 와서 그 전화를 받으려고 할 때 I'm getting another call.이라고 합니다. 상대가 끊지 말고 기다리길 바랄 때는 Can you hold for a sec?(잠시만 기다려 줄래?)라고 하고, 끊었다 다시 걸려고 할 때는 Can I call you back?(내가 다시 걸어도 돼?)이라고 물어보면 됩니다.

I'll call you back. 내가 다시 전화할게

용무가 있어서 전화를 끊고 다시 걸겠다고 할 때는 I'll call you back.이라고 하는데요. 뒤에 시간 등 다른 말을 추가해서 더 상세히 말할 수도 있습니다.

I'll call you back in five minutes. 5분 후에 다시 전화할게.
I'll call you back on this number. 이 번호로 다시 전화할게요.

First things first.

먼저 할 일부터 해야지

상대방에게 다른 것보다도 우선으로 해야 할 일을 상기시킬 때 First things first. 라고 하는데요. 놀러 가기 전에 숙제를 먼저 끝내 놔야 한다든지, 여행을 갈 때는 항공권과 숙소부터 먼저 예약해야 한다든지 여러 상황에 쓸 수 있습니다. 상황에 따라 "먼저 할 일부터 해야지.", "중요한 일부터 먼저."라는 의미가 됩니다.

ex First things first. Wash your hands. 제일 중요한 거 먼저. 손부터 씻어.

Mom Grandma **came down with something**. I'll go stay with her for a few days.

Son I guess it's flu season again. Are you leaving now?

Mom No. **First things first.** I'll **fix you dinner**.

Son Don't worry. I can take care of myself.

Mom Thanks. I'll try to come home as soon as possible.

Son OK. **Give her my best.**

Mom I will. **Don't stay up too late.**

Son I won't. Drive safe.

엄마 할머니가 아프시단다. 내가 며칠 동안 가 있어야겠어.

아들 또 독감철이 돌아왔나 보네요. 지금 가시게요?

엄마 아니. 우선 할 일부터 해 놓고. 네 저녁 차려 줘야지.

아들 걱정 마세요. 제가 알아서 할게요.

엄마 고맙구나. 가능한 한 빨리 돌아오도록 할게.

아들 네. 할머니께 제 안부 전해 주세요.

엄마 그럴게. 밤에 너무 늦게 자지 말고.

아들 안 그럴게요. 운전 조심하세요.

come down with something 몸이 안 좋다

come down with ~는 '(병에) 걸리다'란 뜻인데요. 진행형으로 써서 '걸리는 중'이 되면 초기 증세로 '~ 기운이 있다'란 의미가 됩니다. 뒤에 a cold(감기), flu(독감), pneumonia(폐렴) 등의 다양한 병명을 넣어서 말할 수 있는데, something을 넣어서 말하면 그냥 '몸이 안 좋다'란 말이 됩니다.

I think I'm coming down with a cold. 나 감기 기운 있는 거 같아.
Are you coming down with something? 너 몸이 안 좋니?
She came down with pneumonia. 그녀가 폐렴에 걸렸어.

fix your dinner 저녁을 차리다

fix는 '무엇을 고친다'는 의미도 있지만, '음식을 준비하고 차린다'는 의미로도 사용합니다.

Let me fix you breakfast. 내가 아침 차려 줄게.
I'm fixing lunch. 나 점심 준비하고 있어.
I'll fix you dinner in a minute. 내가 금방 저녁 차려 줄게.

Give her my best. 그녀에게 안부 전해 줘

상대방의 가족이나 주변 사람에게 안부를 전해 달라고 할 때 쓰는 표현입니다. give *somebody* my best 또는 give my best to *somebody*라고 합니다. best 대신 love나 reagards를 넣어서 말해도 됩니다.

Give my best to your family. 너희 가족들한테도 안부 전해 줘.
Give him my regards. 그에게도 안부 전해 줘.

Don't stay up too late. 너무 늦게 자지 마

stay up 은 '안 자고 깨어 있는'이란 뜻인데요. 그래서 Don't stay up too late.를 직역하면 '너무 늦게까지 깨어 있지 마.'니까, 곧 "너무 늦게 자지 마."란 말이 됩니다.

I'm gonna stay up late. 나 늦게 잘 거야.

Better late than never.
늦더라도 안 하는 것보단 낫지

상대방이 일을 늦게 처리하고 미안해 하거나, 어떤 자리에 늦게 와서 미안해 할 때 괜찮다는 뜻으로 Better late than never.라고 종종 말하는데요. 상황에 따라 "늦더라도 안 하는 것보단 낫지.", "늦더라도 안 오는 것보단 낫지."를 의미합니다.

ex A I made it to my son's baseball game right before it ended.
우리 아들 야구 경기가 끝나기 직전에 도착했다니까.

B Well, better late than never. 뭐, 아예 안 간 것보다야 낫지.

Woman	I decided to enter the Musclemania competition this year.
Man	You're kidding me. You're forty-nine. **No offense.**
Woman	I know I'm old, but **better late than never.**
Man	You're right. **It's never too late.**
Woman	**That's it.**
Man	**Go easy on yourself**, though.
Woman	Why don't you enter with me?
Man	Me? Musclemania? **You're talking to the wrong person.**

여자	올해 '머슬마니아' 대회에 도전해 보기로 결심했어.
남자	농담이겠지. 너 마흔 아홉이야. 기분 나쁘라고 하는 말은 아니지만 말이야.
여자	나 나이 많은 거 아는데, 그래도 늦더라도 아예 안 하는 것보다는 낫지.
남자	네 말이 맞다. 세상에 너무 늦은 일이란 건 없지.
여자	그렇지.
남자	그래도 살살 해라.
여자	너도 나랑 같이 한번 참가해 볼래?
남자	내가? '머슬 마니아'를? 사람 잘못 고르셨습니다요.

No offense. 기분 나쁘게 듣지 마, 나쁜 뜻은 없어

내가 한 말이나 하려는 말이 상대방의 기분을 상하게 할 수도 있을 때 '나쁜 뜻으로 한 말은 아니다'란 의미로 No offense.라고 합니다. 이 말을 듣고 "괜찮아.", "신경 안 써."라고 답할 때는 None taken.이라고 합니다.

A No offense, but you're a bit big to wear that dress.
　　기분 상하게 하려는 건 아닌데, 너 그 옷 입기엔 체격이 좀 큰 거 같아.

B None taken. I know it, too. 기분 안 상했어. 나도 아는데, 뭐.

It's never too late. 너무 늦은 때란 없어

"이제 와서 어떻게 다시 시작해?", "이 나이에 복싱을 배우라고?" 무엇을 하기엔 너무 늦었다고 하거나, 나이 들어서 못 한다고 하는 사람에게 무엇을 시작하기에 적당한 시기란 따로 없고 언제라도 할 수 있다는 의미로 하는 말입니다. 반대로 "너무 이른 때란 없다."고 할 때는 It's never too early.라고 하면 됩니다.

That's it. 그렇지, 그게 다야

"치즈버거 하나 주세요.", "그게 다인가요?", "그게 다예요." 여기서 "그게 다예요."는 영어로 That's it.이라고 하는데요. "그게 다인가요?"라고 질문할 때는 That's it? 또는 Is that it?이라고 합니다. 그리고 찾던 것을 찾거나 내가 말하려던 것을 상대방이 말해서 "바로 그거야."라고 할 때도 That's it.이라고 합니다. 또 화가 나서 "됐어. 나 그만둘래."라고 말하는 상황에서 "됐어."는 That's it. 또는 That does it.이라고 합니다.

Go easy on yourself. 살살해, 적당히 해

go easy on *somebody/something*은 '~을 적당히 하다', '~을 살살 다루다'란 뜻인데요. 누군가와 대결하거나, 훈련을 시키거나, 꾸짖는 상황에서 go easy on *somebody*라고 하면 '~에게 살살해', '~에게 너무 심하게 하지 마'란 의미가 돼요. go easy on *something*[음식]이라고 하면 '~은 적당히 해'가 되는데 이 말은 상황에 따라 '~은 조금만 넣어 주세요', '~은 조금만 먹어'란 의미가 됩니다.

Go easy on him. 걔한테 너무 심하게 하지 마.
Go easy on the ketchup. 케첩은 조금만 넣어 주세요.
Go easy on the alcohol. 술 좀 적당히 마셔.

You're talking to the wrong person. 사람 잘못 골랐어

상대방이 내가 전혀 모르거나 관심 밖의 얘기를 할 때 나는 그것과 거리가 멀다는 의미로 하는 말입니다. 또 내가 잘 모르거나 못 하는 것에 관해 물어보거나 부탁하면 You're asking the wrong person.이라고 하면 됩니다.

Better safe than sorry.
후회하는 것보단 조심하는 게 낫지

상대방에게 조심하라고 하거나 자신의 조심스런 행동에 관해 설명할 때 Better
safe than sorry.라고 하는데요. 나중에 후회하는 것보다는 미리 조심하는 게
낫다는 뜻입니다.

Jill   Jack, can you speed up?

Jack   **Don't rush me.**

Jill   I'm going to be late. Hurry up, would you?

Jack   Jill, this is the right speed. **You're very Type A.**

Jill   **Give it some gas.**

Jack   No. **Better safe than sorry.**

Jill   You're timid **as hell.**

Jack   I'm giving you a ride and this is what I get?
You have a lot of nerve.

질   잭, 빨리 좀 가면 안 될까?

잭   재촉하지 마.

질   늦게 생겼단 말이야. 좀 서둘러 줄래?

잭   질, 지금 규정 속도로 가고 있거든. 성격 완전 급하다니까.

질   좀 밟아 봐.

잭   안 돼. 후회하는 것보다는 조심하는 게 낫지.

질   하여튼 더럽게 소심하다니까.

잭   기껏 태워다 줬더니 겨우 그런 말이나 듣는구나? 너 참 뻔뻔하다.

Don't rush me. 재촉하지 마

안 그래도 마음이 조급한데 옆에서 누가 빨리하라며 자꾸 재촉할 때가 있지 않나요? 그럴 때는 Don't rush me.라고 해 주세요. rush는 동사로 '서두르다', '재촉하다'란 뜻이어서 Don't rush me.라고 하면 "재촉하지 마."란 뜻이 됩니다. 그리고 Would you stop rushing me?라고 하면 "그만 좀 재촉할래?"란 말이 됩니다.

You're very Type A. 넌 완전 A타입 성격이야

Type A person이라는 표현을 A형 혈액형 사람의 성향을 말하는 것으로 오해하기 쉽지만, 영어권에서는 사람의 성향을 혈액형과 상관없이 A와 B로 나눕니다.

Type A 급한 성격, 외향적, 적극적, 철저한 시간관념, 강한 경쟁심과 목표 의식, 일 중독자가 많음.

Type B 느긋하고 여유로움, 차분함, 유연한 생각, 원만한 대인 관계.

Give it some gas. 좀 밟아 봐

'기름(gas)을 좀 주라'는 말은 차가 속도를 낼 수 있도록 '액셀을 더 밟아 보라'는 의미입니다. Give it more gas. 나 Give it a little more gas.라고 하기도 합니다.

as hell 더럽게, 되게

'더럽게 치사하다', '되게 못됐다' 이렇게 정도가 지나치다는 의미로 '더럽게,' '되게'라는 말을 하죠. 영어로는 as hell이라고 하는데요. '끔찍하게' 정도로 생각하면 됩니다.

You're sneaky as hell. 너 진짜 더럽게 교활하구나.

You have a lot of nerve. 너 참 뻔뻔하다

여기서 nerve는 '뻔뻔함'을 뜻해서 have a lot of nerve나 have some nerve는 '뻔뻔하다'라는 뜻이 됩니다. have 대신 have got이나 그냥 got도 쓸 수 있어서 You got a lot of nerve.라고 해도 됩니다.

You've got a lot of nerve showing your face here. 여기 얼굴을 내밀다니 너 참 뻔뻔하구나.

1 안 좋을 게 뭐야? (like)

2 나 잘렸어. (can)

3 그러니 네가 친구가 없지. (any friends)

4 그만 좀 해. (break)

5 그와 연락이 안 돼. (get hold of)

6 다른 전화 들어온다. (another)

7 먼저 할 일부터 해야지. (first)

8 나 감기 기운 있는 거 같아. (I think I'm)

9 내가 금방 저녁 차려 줄게. (fix)

10 그녀에게 안부 전해 줘. (my best)

11 너무 늦게 자지 마. (stay up)

12 늦더라도 안 하는 것보단 낫지. (late)

13 케첩은 조금은 넣어 주세요. (go easy)

14 후회하는 것보단 조심하는 게 낫지. (sorry)

15 너 참 뻔뻔하다. (you have)

정답 **1** What's not to like? **2** I got canned. **3** No wonder you don't have any friends. **4** Give me a break. **5** I can't get hold of him. **6** I'm getting another call. **7** First things first. **8** I think I'm coming down with a cold. **9** I'll fix you dinner in a minute. **10** Give her my best. **11** Don't stay up too late. **12** Better late than never. **13** Go easy on the ketchup. **14** Better safe than sorry. **15** You have a lot of nerve.

이 책 한 권만 외워봐!

영어회화가
술술 나온다